장미의 이름 작가 노트

장미의 이름 작가 노트

UMBERTO ECO
MANIA
COLLECTION

움베르토 에코 지음

이윤기 옮김

POSTSCRIPT TO THE NAME OF THE ROSE
by UMBERTO ECO

일러두기
- 이 책은 열린책들에서 1992년에 출간한 『장미의 이름 창작 노트 *Postscript to The Name of the Rose*』의 신판이다.
- 이 책의 원서는 *Postscript to The Name of the Rose*(San Diego: Harcourt Brace Jovanovich, 1984)이다.
- 이 책의 사진 설명 다음에 기술되어 있는 인용문은 열린책들에서 발간한 『장미의 이름』의 4판(이윤기 옮김, 2006년)에서 따온 것이며, 인용 페이지 역시 같은 책의 페이지를 의미한다.
- 에코가 단 각주는 〈원주〉라고 표기했다. 그 외의 각주는 모두 옮긴이가 달았다.

이 책은 실로 꿰매는 정통적인 사철 방식으로 만들어졌습니다.
사철 방식으로 만든 책은 오랫동안 보관해도 손상되지 않습니다.

차례

제목과 의미   9
집필 과정의 기술   19
당연히, 중세   25
가면   33
우주적인 사건으로서의 소설   39
누가 말하는가?   49
암시적인 간과   57
행보   63
독자   71
탐정 소설의 형이상학   81
소설의 재미   87

포스트모더니즘, 반어, 재미 95
역사 소설 105
결말 111

이 책에 언급된 사람들 115
움베르토 에코 연보 121

풀섶에서 자라는 붉은 장미여,
빛에 씻긴 진홍 색깔과,
그 농염하고 향기로운 자태를 자랑한다만,
아니다. 내 바르게 이르거니와,
너의 불행은 목전이다.

Rosa que al prado, encarnada,

te ostentas presuntüosa

de grana y carmín bañada:

campa lozana y gustosa;

pero no, que siendo hermosa

tambien serás desdichada.

　　— 후아나 이네스 데 라 크루스

가스코뉴 무아삭 수도원 교회 출입문 위에 있는 홍예문(12세기 초), 「요한의 묵시록」(4:1~11)의 이미지를 새긴 것이다.
〈나는 하늘에서 만들어진 옥좌와 거기 앉으신 분을 보았다. 앉으신 이의 얼굴은 엄격하면서도 침착했다. 그는 두 눈을 화등잔같이 뜨고, 그 꼭대기까지 올라온 지상의 인간들을 내려다보고 있었다.〉 (『장미의 이름』, 85면)

제목과 의미

『장미의 이름』이 출판된 뒤로 나는 수많은 독자들로부터 이 책의 말미에 실린 라틴어 6보격(六步格) 시구의 의미가 무엇이며, 이것이 어째서 책의 제목이 되었느냐는 질문을 받았다. 나는, 이 시구가 모를레 사람 베르나르의 「속세의 능멸에 대하여 De contemptu mundi」에 나오는 시구이고, 12세기 베네딕트회 수도사인 베르나르의 시는 이른바 〈어디에 있느뇨 ubi sunt〉의 테마(뒷날 비용의 〈지난날 내린 눈은 어디 있느뇨 Mais où sont les neiges d'antan〉를 통하여 우리에게 익숙해진)로 이루어져 있음을 지적하는 것으로 대답을 대신했다. 그런데 베르나르는 어제의 영광, 영화의 도시, 아름다운 왕녀들은 모두 무(無) 속으로 사라지되, 뒤에 그 순수한 이름을(이름만이라도, 혹은 적어도 이름은) 남긴다고 덧붙이고 있다. 나는 아벨

라르가 〈장미는 존재하지 않는다 *Nulla rosa est*〉라는 말을 통하여, 언어가 어떻게 해서 이 세상에 존재하지 않았던 것과, 존재하였으되 회멸(灰滅)된 것을 드러내는지 설명했던 것을 기억한다. 여기까지만 말할 터이니 독자 스스로가 아벨라르의 결론에 이르기 바란다.

화자(話者)는 자기 작품을 해석해서는 안 된다. 해석하고 싶다면 처음부터 소설을 쓰지 말 일이다. 소설이라는 것은 수많은 해석을 발생시키는 기계이기 때문이다. 그러나 화자가 작품을 해석하지 않는다는 이 고결한 원칙을 지키는 데엔 한 가지 장애가 있으니 그것은 모든 소설에는 제목이 있어야 한다는 점이다.

불행히도 이 제목이라는 것이 작품 해석의 열쇠 노릇을 한다. 우리는 『적과 흑』, 『전쟁과 평화』라는 제목이 환기시키는 관념에서 빠져나가지 못한다. 독자를 가장 존중한다고 볼 수 있는 경우는 역시 소설 제목을 주인공의 이름에서 따오는 것으로, 『데이비드 커퍼필드』, 혹은 『로빈슨 크루소』 같은 경우이다. 그러나 이렇게 소설 제목을 제공한 등장인물을 언급하는 일조차 저자의 부당한 간섭이 되는 경우가 있다. 가령 『고리오 영감』의 경우 독자들의 초점은 자연히 〈고리오 영감〉에게 맞추어진다. 그러나 이 소설은 라스티냑 이야기, 보트랭 이야기 혹은 콜랭의 이야기일 수도 있다. 아마도 최선의 방법은 뒤마가 했던 것처럼 아예 까놓고 정직하지 못한 방법을 쓰는 길일 듯하다. 뒤마는, 제목은 『삼총사』라고 붙여 놓고 실제로는 〈제4의 총사(銃士)〉 이야기를 하고 있으니 말이다. 그러나 이러한 호사는 누리기가 쉽지 않다. 말하자면, 저자가 실수를 통해서가 아니면 누리기가 어려운 호사인 것이다.

내 소설의 제목은, 글을 쓸 당시에는 〈수도원의 범죄 사건〉이었다. 그러나 나는 이 제목을 파기했다. 그 까닭은, 독자들의 관심을 미스터리 자체에만 쏠리게 할 가능성이 농후하고, 독자들이 액션으로 가득한 약간은 황당무계한 책으로 오해하고 책을 살까 두려웠기 때문이다. 사실 나는 이 책의 제목을 『멜크의 아드소』라고 하고 싶었다. 결국 아드소가 화자 노릇을 하고 있기 때문에, 상당히 중립적인 데가 있는 이 제목이 썩 좋아 보이기도 했다. 그러나 우리 나라의 출판업자들은 고유 명사로 된 책 제목을 좋아하지 않는다. 『페르모와 루치아』[1] 같은 책이 있지 않느냐고 하겠지만 이 책도 차후에 제목이 바뀌어 유통되는 운명을 겪었다. 이탈리아 소설에서 제목이 고유 명사로 되어 있는 것은 얼마 되지 않아서 가령 『레모니오 보레오』, 『루베』, 『메텔로』 같은 것이 더러 있기는 하지만 『사촌 누이 베트』, 『배리 린든』, 『아르망

[1] 만초니의 소설 『약혼자 I promessi sposi』의 첫 번째 판본은 이 제목으로 유통되었다 — 원주.

스』, 『톰 존스』 등 고유 명사를 제목으로 삼은 소설군에 비하면 얼마 되지 않는다.

내 소설의 제목을 〈장미의 이름〉으로 하자는 아이디어는 실로 우연히 내 머리에 떠올랐다. 이렇게 부르기로 하고 보니 마음에 들었는데 그 까닭은 〈장미〉가 대단히 상징적인 것이기 때문이다. 장미의 상징적 의미는, 그 정확히 의미하는 바가 잘 헤아려지지 않을 정도로 풍부하다. 단테의 〈신비스러운 장미〉라고 할 때, 〈장미 전쟁〉이라고 할 때, 〈그대는 병든 장미〉라고 할 때의 장미, 〈다른 이름으로 불리는 장미〉[2]라고 할 때, 〈장미는 장미이고 장미는 장미이다〉라고 할 때, 〈장미 십자단(薔薇十字團)〉 할 때의 장미…… 이런 것들만 보아도 알 수 있다. 그런데 이 제목이 내가 예상했던 대로 독자들의 주의를 산만하게 했다. 독자들은 하나의 해석만을 선택할 수 없었다. 혹

---

[2] 묘하게도 미국이나 영국의 독자들에게 이 라틴어 시구는 『로미오와 줄리엣』을 연상시키는 모양이다. 내가 이것을 묘하다고 하는 까닭은 줄리엣의 이 말이 베르나르의 시구가 지니는 의미와는 정확히 반대가 되기 때문이다. 셰익스피어는 이 구절을 통하여, 〈이름은 별것이 아니다, 사물의 본질 그 자체에는 어떤 영향도 미치지 못한다〉라는 것을 암시하고 있다. 베르나르도 〈이름은 어떤 사물에 제멋대로 붙어진 딱지에 지나지 않는다〉는 셰익스피어의 견해에 동의했을 것이다. 그러나 베네딕트회 수도자에게 진짜(?) 장미(이런 것이 있다면 말이지만)가 남기는 것 또한 바로 이 덧없으면서도 강력하고, 매력적이고, 마력적인 이름에 지나지 않는다 — 원주.

무아삭 수도원 교회 입구의 중앙 기둥.
〈걷잡을 수 없는 분노에 사로잡힌 듯, 한 덩어리로 어우러진 세 쌍의 사자가 전하려는 상징적 의미는 도대체 무엇이었을까?〉(『장미의 이름』, 89면)

독자가 이 작품의 결론에 해당하는 시구에 대해 가능한 유명론적(唯名論的) 독서를 행할 수 있었다고 할지라도, 그때는 이미 소설이 맨 끝에 도달한 다음이고, 독자가 이미 수많은 선택을 해본 다음의 일이다. 제목은 독자를 헷갈리게 하는 것이어야지, 독자의 사고를 통제하는 것이어서는 안 된다.

  소설가가 누릴 수 있는 위안 가운데 가장 으뜸가는 위안은, 자신은 전혀 의식하지 못하고 썼는데도 불구하고 독자의 이해를 통하여 전혀 다른 독법(讀法)을 발견하게 되는 일이다. 학문적인 논문을 썼을 경우, 서평자에 대한 나의 자세는 법관의 판단만큼이나 명쾌하다. 내가 하고자 하는 말을 그가 정확히 이해했는가, 혹은 하지 못했는가? 그러나 소설의 경우 상황은 전혀 다르다. 나는, 작가가 타인에 의해 발견된 독법을 잘못된 것으로 여기지 말아야 한다고 말하고 있는 것이 아니다. 내가 하고자 하는 말은, 설사 그런 것을 알았다고 하더라도 침묵을 지켜야 한다는 말이다. 침묵을 지킴으로써 다른 독자들에게도 텍스트 자체를 통해 그 잘못된 해석에 도전할 기회를 주어야 한다는 것이다. 이런 의미에서, 많은 독서 행위에는, 자신이 전혀 생각하지도 못하고 있던 의미의 효과들을 자주 드러내고는 한다. 하지만 여기에서, 생각하지 못했다고 하는 것은 무엇을 의미하는 것일까?

프랑스 학자 미레유 칼 그뤼베르Mireille Calle Gruber
는 〈평신도 simple〉³(가난하다는 의미에서)와 〈약초
simples〉(약이 되는 식물이라는 의미에서) 사이에 미묘
한 패러그램이 존재한다는 것을 발견하고는 내가 이단
이라는 〈독초tare〉에 대해 언급하고 있음을 찾아냈다.
나는 이 simple이라는 단어의 두 용법이 당대의 문헌에
서 계속 나타나며, 마찬가지로 이단의 mala pianta(독
초)와 같은 표현도 계속 나타난다고 대답할 수 있었다.
게다가 나는 그레마스가 가르쳐 준 대로 한 단어에는 두
가지 독법 — 기호학자들은 이것을 이중 의미소(二重意
味素, double isotopy)라고 한다 — 이 가능하기 때문에
본초학자들이 종종 〈민초simple의 벗〉으로 불린다는
것을 알고 있었다. 그렇다면 나는 내가 이 패러그램을
가지고 말장난을 하고 있다는 사실을 알고 있었던 것일
까? 지금 이 질문에 대답하는 것은 별로 중요하지 않다.
중요한 것은 텍스트가 있을 경우, 그 텍스트가 그 나름
대로 지각의 파장을 만들어 낸다는 점이다.

내 소설의 서평 중에 나에게 짜릿한 만족감을 안겨

---

3 〈simple〉이라는 말에는, 〈단순한 사람〉, 〈속중(俗衆)〉, 〈민초(民
草)〉라는 의미 이외에도 〈약용 식물〉, 〈약초로 만든 고약〉이라는 의미
가 있다는 사실을 참고하기 바란다. 『장미의 이름』에서 이 〈simple〉이
라는 단어는 〈이단의 온상인 평신도〉라는 뜻으로 쓰였다.

주었던 서평(이러한 서평이 처음 나온 것은 지네브라 봄피아니Ginevra Bompiani와 라르스 구스타프손Lars Gustaffson을 통해서였다)은 이단 심판이 있은 다음 아드소의 질문에 윌리엄 수도사가 대답하는 대목(『장미의 이름』, 692면), 즉 아드소가 〈정결함의 어떤 점이 두려운 것입니까〉 하고 묻자 윌리엄 수도사가 〈성급함이다〉 하고 대답하는 대목을 지적한 것이었다. 두 줄밖에 안 되는 문장이지만 나는 이게 그렇게 좋을 수가 없었는데, 이것은 지금도 마찬가지이다. 그런데 어떤 독자는, 같은 대목에 나오는, 고문하겠다고 식료계 수도사를 위협하면서 베르나르 기가 하는 말, 즉 〈가짜 사도들이 믿듯이, 서둔다고(성급하게 군다고) 의가 드러나는 것은 아니다. 하느님의 의가 드러나는 데도 몇 세기가 걸렸느니라〉 하고 말하는 대목을 지적하면서, 윌리엄 수도사가 두려워하는 〈성급함〉과, 베르나르 기가 찬양하는 〈성급하지 않음〉 사이에 어떤 관계가 있느냐고 물었다. 그제야 나는 아뿔싸 했다. 아드소와 윌리엄의 이 대화는 원래 원고에 없었다. 나는 전체적인 분위기를 조정하기 위해 교정쇄에서 뭔가를 덧붙일 필요를 느끼고 있었다. 말하자면 베르나르 기를 위한 운율 조정의 필요성을 느끼고 있었던 것이다. 그런데 교정쇄에서 윌리엄으로 하여금 성급함을 경계하는 발언(당시 나를 그토록

매료시킨, 지극히 확신에 찬 발언)을 하게 하면서 나는, 조금 뒤에 베르나르 역시 성급함에 관해 언급한다는 사실을 까맣게 잊고 있었다. 성급함에 관한 윌리엄의 발언이 없다고 가정하고 베르나르의 발언을 읽을 경우, 이 발언은 이런 종류의 언명의 스테레오 타입에 지나지 않는다. 말하자면 〈법 앞에서 만인은 평등하다〉고 재판관이 말하는 것 이상의 의미를 지니지 못하게 되는 것이다. 그러나 성급함에 대한 윌리엄의 발언과 베르나르의 발언은 하나의 병치 구조(倂置構造)를 이룸으로써 글자 그대로 대단히 감각적인 효과를 지어내고, 이로써 독자는, 두 사람이 같은 발언을 하고 있는 것이 아닌가, 혹은 윌리엄이 언급한 성급함에 대한 경계는 베르나르가 언급한 성급함에 대한 경계와 다르지 않다는 인상을 받게 된다. 텍스트는 이렇듯이 그 나름의 효과를 지어내는 법이다. 내가 애초에 이런 방향으로 의도했든 의도하지 않았든 간에, 독자는 이 텍스트 앞에서 다소 다의적(多意的)인 언명에 직면하고 있다는 인상을 받는다. 나는 이러한 병치 구조가 어떤 의미를 발생시킨다고 믿지만 (여기에는 많은 의미가 있을 수 있다) 나는 이 언명의 충돌을 해석하는 데 당혹감을 느끼게 된다.

  작품이 끝나면 작가는 죽어야 한다. 죽음으로써 그 작품의 해석을 가로막지 않아야 하는 것이다.

집필 과정의 기술

작가는 해석자가 아니다. 그러나 해석자는 아니라고 하더라도 왜 썼고 어떻게 썼는가 하는 것은 말할 수 있다. 이른바 시학 텍스트라고 하는 것들은, 그들을 낳게끔 영감을 준 작품을 이해하는 데는 유용하지 못하지만, 작품의 제작과 관련된 기술(記述)상의 문제가 어떻게 해결되었는지 이해하는 데는 도움이 된다.

포는 『작시법의 철학 *Philosophy of Composition*』에서 자기가 「까마귀」를 쓴 경위를 설명하고 있다. 그러나 그는, 우리가 그 작품을 어떻게 읽어야 하는지에 대해서 말하고 있는 것이 아니라 오직 시적인 효과를 내기 위해 자기가 해결해야 했던 문제점에 관해서만 말하고 있다. 나라면 시적 효과를, 계속해서 다른 독법을 생성하는 텍스트의 기능이라고 정의하고 싶다. 텍스트의 완전한 의

미가 완전히 파헤쳐지는 법이 없이 말이다.

작가(화가, 조각가, 작곡가도 마찬가지이다)는 자기가 무엇을 하고 있는지, 자기가 어떤 대가를 지불해 가면서 그 일을 하는지 잘 알고 있다. 작가는 자기가 한 가지 문제를 풀어야 한다는 것도 알고 있다. 작가는 처음에는 지극히 모호한 것, 어떤 추진제에 지나지 않는 것, 강박적인 어떤 관념 같은 것, 혹은 막연한 열망이나 모호한 기억 같은 것으로 자기 작업을 시작한다. 그 다음 자기가 하고 있는 작업의 자료(그 자체의 보편적인 법칙을 드러내는 것인 동시에, 그 자체가 안고 있는 문화적인 기억을, 상호 텍스트성의 반향을 지닌)를 상대로 수많은 질문과 대답을 교환하게 되는데, 작품을 만들기 위해서 작가가 해결해야 하는 많은 문제는 바로 이런 질문과 대답이 오가는 작가의 책상머리에서 해결된다.

우리는 작가들로부터 어떤 영감에 쫓기면서 단숨에 써 내려갔다는 이야기를 더러 듣지만, 이것은 거짓말이다. 〈천재는 1퍼센트의 영감과 99퍼센트의 땀으로 이루어진다〉는 말은 진실이다.

꽤 유명한 자기의 시(구체적으로 어느 시였는지는 잊었다) 이야기를 하면서 라마르틴은 어느 폭풍우 몰아치는 날 숲 속에서 홀연 섬광 같은 영감을 받고 단숨에 썼다고 한 일이 있다. 그러나 그의 사후에 발견된 원고는

부르고뉴 베즐레에 있는 생마들렌 성당 정문 위의 홍예문(12세기 초). 〈그리스도의 머리 위로는, 열두 개의 방이 있는 방주(方舟)가 있었고 그리스도의 발치에는 말씀을 받아들일 만방의 백성들이 줄을 짓고 서 있었다. 입은 옷으로 보아 히브리인도 있었고 갑바도기아인, 아랍인, 인도인, 프뤼기아인, 비잔티움인, 아르메니아인, 스키타이인, 로마인들도 있었다.〉 (『장미의 이름』, 603면)

그 시가 수많은 수정과 교열을 거친 것임을 알려 주고 있다. 이 시는 프랑스 문학사상 가장 〈공들여 다듬어진〉 작품인 것으로 드러났다.

작가(또는 예술가 일반)가, 작업 과정의 법칙에 관한 생각이 전혀 없이 그 작품을 완성했다고 할 경우 이 말은, 법칙을 안다는 것을 의식하지 못하는 상태에서 그 작품을 완성했다는 뜻이다. 어린아이는 문법을 글로 써내지 못하면서도 어머니에게 배운 모국어를 훌륭하게 해낸다. 언어의 법칙은 문법가들만 잘 알고 있는 것이 아니다. 모두가 무의식적으로나마, 언어의 법칙을 잘 알고 있다. 어린아이도 마찬가지다. 문법가가 여느 사람과 다른 점은, 어린아이들이 그 언어를 알고 있는 까닭과, 그 언어를 습득한 과정을 안다는 점이다.

작가가 글을 쓰는 과정을 기술하는 것과, 그 작품이 〈잘〉 쓰였음을 증명하는 것과는 별개의 문제이다. 포는 작품이 지어내는 효과와, 작품의 집필 과정에 대한 지식은 별개라고 했다. 칸딘스키와 클레도 자기네 작품의 제작 과정을 글로 쓰고 있지만, 그렇게 작품을 제작하고 제작 과정을 글로 쓰고 있다고 해서 자기네들이 남보다 낫다는 말을 하고 있지는 않다. 미켈란젤로가, 돌덩어리 안에 그 자체의 어떤 형상으로 정의되어 있는 것을 해방시키는 작업이 곧 조각 행위라고 말한다고 해서 「바티칸의 피에타」가 「론다니니의 피에타」[4]보다 낫다고 하는 것은 아닌 것이다. 때때로 예술의 제작 과정에 대해 가장 뛰어난 글을 남긴 사람은 거장이라기보다는 군소 예술가들이었다. 그들은 예술 작품으로는 걸출한 성취를 얻지 못하였으나 자신의 창작 과정에 대해서는 깊이 생각할 줄 알았던 사람들이었다. 바사리, 호레이쇼 그리노, 아론 코플런드…….

---

[4] 두 작품 모두 미켈란젤로의 작품으로, 「론다니니의 피에타」는 미완성 유작이다.

당연히, 중세

내가 이 소설을 쓴 것은 나에게 열망이 있었기 때문이다. 내가 믿기로, 이야기를 시작하는 이유로는 이것만으로도 충분하다. 인간은 천성적으로 이야기를 좋아하는 동물이다. 나는 한 수도사를 독살한다는 막연한 아이디어에 자극을 받고 1978년에 이 이야기를 쓰기 시작했다. 소설 쓰기는 이렇게 시작되는 것이라고 믿는다. 나머지는 쓰는 과정에서 붙은 살에 지나지 않는 것이다. 수도사를 독살한다는 아이디어는, 1975년의 메모에서 이미 불특정 수도원의 수도사 명단을 작성했던 기록이 발견되는 것으로 보아, 그보다 훨씬 전에 내 머릿속을 맴돌았음에 분명하다. 그것뿐이다. 이 소설을 시작하면서 나는 우선, 20년 전 우연히, 위스망스(『저 아래 *Là-bas*』의 저자)에 대한 애정 때문에 센 강변의 고서점에서 산 오르필라의 『독물학 논고』를 읽었다. 그러나 거기에 나오는 독물로 만족할 수 없었던 나는 생물학자인 내 친구에게, 특정한 속성(가령 손을 대면 피부로 흡수된다든가 하는)을 지닌 약이 없느냐고 물어보았다. 그러나 친구의 편지는 받은 자리에서 찢어 버렸다. 편지는 내 기대에 부합하는 독약은 이 세상에 존재하지 않는다는 사실을 알려 주고 있었는데, 읽기에 따라서는 나를 교수대로 이르게 할 문서일 수도 있었기 때문이다.

처음에 나는 오늘날의 수도원에 상주하는 수도사를 생각하고 있었다(처음에 내가 생각한 것은, 좌익 신문 「일 마니페스토」를 읽는 탐정 수도사였다. 이탈리아에는 좌익에도 또 이단이 있으니까). 그러나 수도원이 되었든 수녀원이 되었든, 그 분위기는 무수한 중세적인 기억을 떠올리게 하는 법이다. 그래서 나는 오래된 문서철을 뒤적여 보았다. 나는 동면 중(冬眠中)인 중세학자가 아니던가(나는 1956년에 중세의 미학에 관한 책을, 1969년에는 같은 주제로 수백 페이지짜리 책을 출판했고, 1962년에는 몇 편의 에세이를 산발적으로 발표하다가 제임스 조이스 연구와 때를 같이 해서 중세 전통 연구로 되돌아섰으며, 1972년에는 「요한의 묵시록」과, 리에바나 사람 베아토에 의한 주석서 해명의 방대한 연구[5]에 몰두했으니만치 중세 문제라면 준비 운동은 충분히

되어 있었던 셈이다). 나는 1952년부터 모아 온 ― 원래의 목적은 다소 막연한 것, 말하자면 중세 괴수사(怪獸史), 중세 백과사전들의 분석, 혹은 서명 목록론(書名目錄論) 같은 것을 쓰는 데 있었다 ― 엄청나게 방대한 자료(파일 카드, 복사물, 노트 등)를 뒤적였다……. 그런데 어느 때부터인가 중세가 내 나날의 꿈인 바에야, 바로 그 시대를 배경으로 하는 소설을 쓸 수도 있지 않겠느냐는 생각을 하기 시작했다. 어느 인터뷰에서 밝혔듯이 나는 중세에 관한 것만 아는 사람일 뿐, 현대에 관한 것이라고는 텔레비전 화면에서 본 것 말고 아는 것이 없는 사람이다. 시골에서 우리 부부는 화톳불을 피우고 나란히 앉아 있었던 적이 있는데, 그때 내 아내는 장작더미의 불길이 전깃줄을 태우고 있는데도 그걸 모른다고 나를 비난한 적이 있다. 내 아내는 내 소설에 묘사된 장서관 화재에 관한 장(章)을 읽고는 나에게 물었다. 「그런데도 불꽃을 보고 있었다고요?」 그때 나는 이렇게 대답했다. 「아니……. 하지만 나는 중세의 수도사들 눈에 저 불꽃이 어떻게 보였으리라는 건 알아.」

10년 전, 리에바나 사람 베아토의 주석서에 관한 나의 주석을 실으면서, 출판사에 보내는 필자의 편지(프랑코

5 이 작업 결과의 일부는 미국판 『FMR』지에 게재된 바 있다 ― 원주.

마리아 리치[6] 앞으로 보내는)에 나는 이렇게 고백한 바 있다.

　당신이 어떤 눈으로 보건, 나는 유니콘〔一角獸〕과 그 뤼폰이 우글거리는 상징적인 숲을 지남으로써, 첨탑을 거느린 대성당의 방형(方型) 구조물을 논리학 요약집의 사각 양식(四角樣式)에 감추어져 있는, 해석학적 적의가 물씬 풍겨 나는 해학에다 견줌으로써, 비코 데 레 스트라미[7]와 키토회 수도원의 회랑 사이를 방황함으로써, 교양과 기지에 찬 클뤼니 교단 수도사(저 풍부한 지식과 이성적인 정신의 소유자인 토마스 아퀴나스의 교시를 좇으면서, 환상 지리지(幻想地理誌)를 통하여 〈소년 시절에 성관계가 행해져서는 안 되는 이유 *quare in pueritia coitus non contingat*〉와, 〈잃어버린 섬〉에 이르는 길과, 동물 우화집에 관한 확고한 한 가닥 믿음과 손거울 하나로만 무장하고도 바실리스크를 잡는 방법을 동시에 발견

---

6 에코는 1980년대 초 『FMR』지에 「지복천년을 기다리며」라는 제목의 글을 쓴 적이 있다. 이 잡지의 이름 『FMR』은 〈Franco Maria Ricci〉의 머리글자를 딴 것이다.
7 Vico de le Strami. 단테의 『신곡』 중 「천국」 편, X, 137에 언급되어 있는 〈뤼 드 푸아르〉, 즉 중세 파리의 인문학 교수들이 사는 거리의 이름(세이어즈-레이놀즈의 번역판에는, 〈밀짚의 거리〉라고 번역되어 있다) — 원주.

무아삭 수도원 교회 입구 왼쪽 벽의 부조.
〈내가 본 것은, 발가벗기운 음녀(淫女)였다. 살점 하나 없는 이 음녀는 두꺼비에게 빨리고 뱀에게 물리고 있는가 하면 뻣뻣한 털로 뒤덮인 장구배 사튀로스와 뒤엉켜 있었다.〉(『장미의 이름』, 90면)

한 호노리우스 아우구스토두니엔시스들의 유혹을 받는)의 현란한 대화를 통하여 일정한 수준의 학문적 성취를 이루기에 이르렀다.

뒷날 도덕적인 이유와 물질적인 이유(중세학자라고 하면 일반인들에게는 상당한 부자이거나, 생소한 원고를 복사하러 세계 각국의 외진 도서관을 찾아다니는 떠돌이 정도로 받아들여지는 경향이 있다)에서 잠깐 외도한 적이 있을 뿐 나는 이러한 취향과 정열에 쫓기지 않았던 적은 없다. 따라서 중세는 나의 취미(만일 직업이라는 말이 마땅하지 않다면)로, 끊임없는 유혹으로 내 곁을 떠나지 않았다. 문득 어디에 가든 내 나날의 관심을 투명하게 비추어 보던 시절이 기억에 떠오른다. 이러한 나의 직업은 보기에 따라 중세적이지 못할 가능성이 있기는 하나, 이것은 분명히 중세적이다.

오툉 수도원(아직도 그리보 수도원장이 악마 편람을 쓰고 있는 곳)의 궁륭 꼴 천장 아래에서, 유황 냄새가 풍기는 그 편람을 뒤적거리면서 허비한 수많은 휴일들, 무아삭과 콩크 수도원에서의 황홀, 「요한의 묵시록」의 〈원로들〉과 죄 많은 영혼을 불가마에 밀어 넣은 악마에 대한 놀라움, 박식한 수도사 비드를 연구하던 즐거움, 오컴(소쉬르의 이름을 들어본 적도 없는 곳에서 〈기호〉의 신비를 이해하기 위해 찾았던)에서 누리던 이성적인 위안…….

내가 잊을 수 없는 것이 어찌 이뿐이랴? 성 브란다누스의 외국 여행 *Peregrinatio Sancti Brandani*에 대한 끊임없는 향수, 켈스 사본(寫本)[8]을 통하여 수행된 우리 사고의 증명, 켈트의 케닝가르[9]에 몰두한 보르헤스, 쉬제르 주교의 일기에 의해 점검되는, 권력과 설득당한 대중과의 관계. 이런 것들도 잊을 수 없다.

---

8 채식된 복음서 사본의 걸작. 현재 더블린 트리니티 칼리지 도서관 소장. 8세기경 아일랜드의 수도원에서 시작되어 바이킹의 침입으로 켈즈 수도원에 들어간 후 그곳에서 9세기경 완성되었을 것으로 추정된다. 1974년 팩시밀리판이 출간되었다.
9 *kenningar*. 고대 켈트어나 스칸디나비아어 문학에서 사용된 은유법으로, 〈바다〉를 〈고래의 길〉, 〈피〉를 〈칼의 물〉로 일컫는 것 등을 말함.

가면

 나는 중세에 〈대해서〉 쓰고자 결심하는 데 그치지 않고, 중세〈에서〉 쓰기로 결심했다. 말하자면 그 시대 연대기 작가의 입을 통하여 중세라는 〈시점〉에서 이야기를 풀어 나가기로 결심한 것이다. 내가 곧 화자(話者)인 수련사였다. 이로써 나는 장벽의 반대편에서 지나간 시대의 화자들을 바라볼 수 있었다. 그러나 이야기를 풀어 나가면서 나는 당혹하고 말았다. 나는 얼떨결에 조명 아래로 노출되면서, 조금 전까지만 하더라도 공범자 노릇을 가장하고 있다가 조명을 받는 바람에 본색이 드러난 연극 비평가가 되어 버린 기분이었다.
 스누피적(的)이라는 느낌 없이 어떻게 〈11월 말의 청명한 새벽이었다〉는 표현이 가당할 것인가? 그렇다면 스누피로 하여금 그런 대사를 읊게 하면 될 것이 아닌가? 만일에 〈청명한 새벽이었다〉가, 그런 표현을 할 자격이 있는 사람의 표현이라면 어떨까? 나에게는 진부한 표현일 수 있겠지만 그런 사람에게는, 절실한 날이었을 터이니까 진부한 표현이 아닐 수도 있지 않겠는가? 가면…… 내게 필요한 것은 바로 이것이었다.

나는 중세의 리듬과 중세적 순진성에 익숙해지기 위해 끊임없이 중세의 연대기를 읽고 또 읽었다. 많은 경우 중세의 연대기 작가들은 내가 해야 할 말을 대신해 주곤 했다. 그런 글들을 읽으면서 나는 나 자신이 의혹에서 해방되는 기분을 맛보았다. 나는 〈의혹에서 해방되는 기분〉이라고 했다. 〈상호 텍스트성의 반향으로부터의 해방감〉은 아니었다. 그런데 이런 읽기 과정에서 나는, 작가들이면 누구나 알고 있는 아주 중요한 사실(그래서 우리에게 누누이 일러 왔던 것)을 재발견했다. 그것은 책이라고 하는 것은 끊임없이 다른 책을 언급하고 있다는 것, 이야기라고 하는 것은 끊임없이 이미 세상에 유포된 다른 이야기를 언급하고 있다는 사실이었다. 호메로스도 이것을 알고 있었고, 아리오스토도 이것을 알고 있었다. 라블레와 세르반테스는 말할 것도 없다. 그렇다면 내 이야기는 잃어버렸다가 발견된 원고 이야기(당연한 일이지만 이것 역시 인용의 꼴을 하고 있다)에서 시작되기만 하면 될 터이다. 그래서 나는 바로 서문

1047년경 세밀화가 파쿤두스가 그린, 「요한의 묵시록」에 대한 리에바나 사람 베아토의 주석서 삽화. 마드리드 국립 도서관에 소장되어 있는, 베아토의 산 이시도로 데 레온 필사본 원고에서.
〈그러나 그들이 증언을 끝내면 끝없이 깊은 구렁으로부터 그 짐승이 올라와……그러자 하늘에 있는 하느님의 성전이 열리고 성전 안에 있는 하느님의 계약의 궤가 나타났으며……〉 (「요한의 묵시록」 11:7~19)
〈별별 괴물이 다 발치에 거치적거리니까. ……바다에서 나온 괴물이지 뭐……. 괴물? 아, 가짜 그리스도 말이군……. 앞으로 올 테지. 천 년이 지났으니까. 우리 모두 가짜 그리스도를 기다리고 있지.〉 (『장미의 이름』, 289~291면. 그로타페라타 사람 알리나르도의 말 중에서.)

에 착수하면서 나 자신의 기술(記述)을 제4레벨에 해당하는 액자에, 말하자면 세 화자의 이야기를 뚫고 들어가야 이를 수 있는 레벨에 두기로 했다. 그러니까 나는, 아드소가 썼다고 마비용이 주장했고, 마비용이 썼다고 발레가 주장하는 바를 쓰게 되는 것이다.

그제야 나는 모든 공포에서 벗어날 수 있었다. 이 시점에 이르렀을 때 나는 열두 달 동안 소설의 집필을 계속하지 않고 가만히 있었다. 내가 가만히 있었던 까닭은 내가 기왕에 알고 있던 것(다른 사람들 역시 알고 있는 것) 이상의 어떤 것을 발견했기 때문이었다. 그러나 이 새로운 사실은 작업이 시작됨에 따라 보다 명백하게 내게로 다가섰다.

무엇인가 하면, 나는 소설이라는 것의 첫 단계가 말과 상관없는 것이라는 사실을 발견한 것이다. 소설을 쓴다는 것은 「창세기」 같은 책에 쓰인 이야기가 그렇듯이 우주적인 창조 작업이다(우디 앨런이 그랬듯이 우리는 이 가운데서 우리의 역할을 선택해야 한다).

우주적인 사건으로서의 소설

무슨 말인가 하면, 소설을 쓰려고 할 때 작가는 가능한 선까지, 그리고 가능한 한 자세히 소설이라는 세계를 창조해야 한다는 뜻이다. 내가 강을 그리고자 한다면 먼저 두 개의 둑을 창조할 필요가 있다. 만일에 왼쪽 강둑에 낚시꾼을 하나 세우고, 이 낚시꾼에게 강퍅한 성격과 전과 기록을 부여한 뒤에야 쓰는 일을 시작할 수 있다. 말하자면 나는 이로써, 이와 관련된 필연적인 일들을 언어로 번역하기만 하면 되는 것이다. 이 경우 이 낚시꾼은 무엇을 하는가? 고기를 잡는다(그리고 이때부터 일련의 필연적인 행위가 이루어진다). 그 다음에는 어떤 일이 벌어지는가? 물고기가 미끼를 물 수도 있고 물지 않을 수도 있다. 물고기가 미끼를 물면 낚시꾼은 그 물고기를 낚아 올려 아주 기분좋게 집으로 돌아갈 것이다.

이렇게 되면 이야기는 끝난다. 물고기가 미끼를 물지 않으면? 그는 성격이 강퍅하니까 화를 낼 것이다. 어쩌면 화를 내면서 낚싯대를 부러뜨릴지도 모른다. 그러나 이로써 소설이 되는 것은 아니다. 그러나 이로써 스케치는 되고 있는 셈이다. 인도에, 〈강둑에 앉아 기다리면 원수의 시체가 떠오를 것이다〉라는 속담이 있다. 그런데 원수의 시체가 떠오르는 대신 물밑으로 가라앉아 버린다면(강같이, 온갖 일이 다 일어날 수 있는 곳에서는 그런 가능성이 얼마든지 있다) 어떻게 되는가? 소설가는 소설을 더 이상 쓸 수 없는가? 그러나 그렇지 않다. 이 경우 우리는 그 낚시꾼에게 전과 기록이 있다는 사실을 염두에 둘 필요가 있다. 만일에 시체가 떠내려가는 것을 보게 되었을 경우 낚시꾼은 어떻게 나올까? 모험을 하려 들까? 어떤 행동을 취할까? 시체를 못 본 척하고 도망쳐 버릴까? 그 시체가 바로 자기가 그토록 미워하던 사람의 시체라는 걸 확인하고는 후련해 할까? 아니면 성격이 강퍅한 사람이라서, 그 불구대천의 원수를 자기 손으로 처치할 수 없었다는 사실에 화를 낼까? 자, 독자 여러분도 보았다시피 작가에 의해 발명된 세계에 살이 조금 붙었는데도 이야기가 벌써 시작된 듯한 느낌을 준다. 문체도 벌써 작정이 된 것 같다. 어째서? 낚시꾼은 낚싯대를 드리우고는 강물처럼 느릿느릿하게 움직일 것이다. 고기가 미끼를 물기를 기다리고 있기 때문에 그 움직임의 율동이 느릴 수밖에 없다. 물고기를 기다리기는 하되 워낙 성질이 강퍅한 사람이라서 그의 기다림에는 짜증 같은 것도 섞여 있을 것이다. 소설에서 가장 중요한 문제는 소설의 세계를 구축하는 작업이다. 이렇게 소설의 세계를 구축해 놓으면 언어는 거기에서 필연적으로 따라온다. *Rem tene, verba sequentur*, 즉 〈주제를 붙잡으라, 그러면 언어가 뒤따라온다〉인 것이다. 시의 경우는 *Verba tene, res sequentur*, 즉 〈언어를 붙잡으라, 그러면 주제가 뒤따라온다.〉

소설의 집필을 시작한 첫 해를 나는 바로 이 소설의 세계를 구축하는 작업에 바쳤다. 중세 자료가 소장되어 있는 도서관에서 발견될 수 있는 방대한 서명 목록을 뒤적거리는 일도 거기에 포함된다. 이어서 나는 등장인물이 될 만한 무수한 사람들의 이름과 성격의 자료까지 준비했다. 물론 이들 중의 상당수는 소설에서 제외되었다. 말하자면 나는, 소설에 등장하지 않는 주변의 수도사들에 관한 자료까지 마련해야 했던 것이다. 독자들은 그들이 누군지 알 필요가 없다. 그러나 나는 알고 있어야 한다. 소설의 등장인물에 관한 연구가 도시와 그 정밀함을 겨룰 수 있어야 한다고 했던 게 누구던가? 그렇다. 소설은, 심지어, 도시의 설계도와도 겨룰 수 있어야 한다. 그래서 나 역시, 수도원의 각 건물을 제대로 배치하기 위해, 각 건물 간의 거리를 정하고, 심지어는 나선형 계단의 계단 수를 정하기 위해 건축학 연구에 몰두했는가 하면 건축 백과 같은 책에 나오는 사진과 바닥 그림을 일일이 조사했다. 내 소설에 나오는 대화의 길이는 대화에 허용된 시간과 정확하게 일치하더라는 말을 들은 적이 있다. 그럴 수밖에 없다. 가령 두 사람이 식품 저장고에서 회랑까지 걸어가면서 이야기를 나누게 될 경우, 나는 대화의 길이와 시간의 길이를 정확하게 계산하면서 말을 하게 했기 때문이다. 그래서 목적지에 이를 만한 시각에 그들의 대화도 끝나는 것이다.

세계 창조의 작업을 자유롭게 하기 위해서는 제약 조건을 만들어 심어 둘 필요가 있다. 시에서 이러한 제약 조건은 음률, 각운(脚韻), 율동의 형태로 시 속에 자리를 잡는다. 이것이 이른바 〈듣는 귀를 위한 운문 *verse according to the ear*〉[*Poetry New York 3*(1950)에 실린 찰스 올슨의「투사 시 Projective Verse」를 참고할 것]이라는 것이다. 그런데 소설에서는 주변 세계가 제한 조건이 되어 준다. 이것은 (비록 리얼리즘을 설명해 주기는 하지만) 리얼리즘과는 아무 관계도 없다. 따라서 전혀 비현실적인 세계, 가령 나귀가 하늘을 날고, 죽었다가도 키스 한 번으로 되살아나는 왕자가 나올 수 있는 세계이다. 그러나 순수하게 가능한 세계, 비현실적인 세계라고 하더라도 소설로 존재하려면 처음에 정의된 구조에 따라야 한다(우리는 먼저, 그 세계가 왕자의 키스 한 번으로 공주가 되살아날 수 있는 세계인지, 아니면 마녀의 키스 한 번으로 되살아날 수 있는 세계인지, 공주의 키스가 개구리, 혹은 아르마딜로를 왕자로 변하게 할 수 있는 세계인지를 알아야 한다).

내가 창조한 소설 세계의 가장 중요한 한 요소는 역사이다. 내가 중세의 연대기를 읽고 또 읽은 까닭이 여기에 있다. 중세의 연대기를 읽으면서 나는 모름지기 소설이라고 하는 것이 애초에는 작가의 머릿속에 없던 것, 가령 청빈을 둘러싼 논쟁, 소형제회 수도사들에 대한 심문관의 적의(敵意) 같은 것들도 소설 안으로 껴안아 들일 수 있어야 한다는 걸 깨달았다.

한 가지 예를 들어 보자. 이 책에는 왜 14세기의 소형제회 수도사가 등장하는가? 중세 소설을 쓸 생각이었다면 12세기나 13세기를 무대로 써야 마땅할 것이 아닌가? 실제로 나는 14세기보다는 12세기나 13세기에 관해서 더 많이 알고 있다. 그러나 나에게는, 관찰력이 예민하고, 정황을 해석하는 데 탁월한 안목을 지닌 조사관, 그것도 가급적이면 영국인(상호 텍스트적인 인용)이 한 명 필요했다. 그런데 이러한 조사관은 프란체스코 수도회에, 그것도 로저 베이컨 이후에나 있을 수 있다. 뿐만 아니라 기호 해석에 관한 진보적인 이론은 오컴의 윌리엄 이후에나 볼 수 있기 때문에 우리에게는 오컴 사람 윌리엄의 추종자가 필요했다. 물론, 기호 해석의 이론은 그전에도 있기는 했다. 그러나 그 시대의 기호 이론이나 기호 해석은 기호의 상징성 해석에 머무는 것인 데다가 다분히 기호에서 인식이나 관념을 읽는 쪽으로 기울어지는 경향이 있었다. 그래서 나는 부득이 이야기의 무대를 14세기로 잡지 않을 수 없었다. 이렇게 해놓고 보니 이번에는 쓰는 일이 쉽지 않았다. 12세기나 13세기에서와는 달리 14세기라는 시대에서는 내 행보가 쉽지 않았기 때문이다. 나는 14세기에 관한, 보다 정교한 독서를 통하여 14세기의 프란체스코 수도사라면 설사 영국이라고 하더라도, 오컴 사람 윌리엄의 친구이거나 추종자이거나 지인이기만 해도 청빈에 관한 논쟁에는 끼어들지 않고는 못 배기리라는 것을 알아내었다. (처음에는 내게 오컴의 윌리엄 자신을 조사관으로 삼을 생각도 없지 않았다. 그러나 나는 이 위대한 박학 나리에게는 인간미가 없는 것 같아서 이 계획을 중도에 그만두기로 했다.)

그렇다면 왜 이 소설의 시간적인 무대가 1327년 11월 말이 되고 있는가? 이유는 간단하다. 12월이 되면 체제나의 미켈레는 아비뇽에 가 있어야 하기 때문이다. (역사 소설에서의 소설적 소도구 배치가 어려운 까닭이 여기에 있다. 소설에 나오는 수도원의 계단 숫자 같은 것은 작가가 마음대로 정할 수 있지만 가령 미켈레의 움직임 같은 것은 실재인 역사적 공간 안에 이미 결정되어 있다. 따라서 이런 종류의 소설에서는 될 수 있으면 이 움직임에 근사하게 맞추어 주지 않으면 안 된다.)

그렇다고 해도 11월 초순이나 중순은 좀 이르다. 게다가 나는 수도원의 불목하니들이 돼지를 잡게 해야 했다. 왜? 이유는 간단하다. 그래야 피 항아리에 시체를 거꾸로 처박을 수 있기 때문이다. 그렇다면 왜 시체가 피 항아리에 거꾸로 처박히는 일이 일어나야 하는가? 그 이유는, 「요한의 묵시록」에 따르면, 두 번째 나팔이 울리면 그런 일이 일어나게 되어 있기 때문이다······. 나로서는 「요한의 묵시록」은 이미 존재하는 세계의 일부이기 때문에 바꿀 수 없었던 것이다. 게다가 수많은 질문을 통해서 나는, 당시의 수도원에서는 날씨가 추워지지 않으면 돼지를 잡지 않았다는 사실을 알아내었다. 그렇다고 하더라도 11월은 너무 이르다. 그래서 나는 수도원을 산중에다 배치했다. 이런 고충이 없었더라면 내 이야기의 무대는 폼포사나 콩크 같은 평야 지대가 되었을 것이다.

이렇게 이야기의 줄거리를 짜놓으면 구축된 소설의 세계 자체가, 스토리가 어떻게 진행되어야 하는지를 우리에게 일러 준다. 모든 사람들이 내게, 왜 내 소설에 나오는 호르헤라는 이름으로 소설가 보르헤스를 연상케 하느냐, 왜 보르헤스를 그렇게 사악한 인물로 그리느냐란 질문을 했다. 그러나 나는 이 질문에 대답할 수 없다. 나는 장서관을 지키는 장님이 한 명 필요했는데(그것은 좋은 아이디어라고 생각했다), 장서관과 장님 사서(司書)의 합은 오직 보르헤스일 수밖에 없으므로 그에게 진 빚을 (그의 이름을 언급함으로써) 갚아야 했기 때문이다. 게다가 「요한의 묵시록」이 중세라고 불리는 전 시대에 걸쳐 막대한 영향을 끼친 것은 스페인의 주석서와 그 주석서의 채식 삽화(彩飾挿畵)를 통해서이다. 그러나 호르헤를 장서관에 앉힐 당시만 해도 그를 살인범으로 만들지의 여부는 결정되어 있지 않았다. 말하자면 호르헤는 이야기 자체가 지닌 생명력 안에서 스스로 그 역할을 해낸 것이라는 말이다. 이 말은 〈관념론적으로〉 해석되어선 안 된다. 내가 말하고 싶은 것은, 등장인물은 소설이라는 세계에서 자율적인 생명을 지니는 것이고, 작가가 할 수 있는 일은 일종의 망아(忘我) 상태에서 그 등장인물이 지향하는 방향대로 행동하게 할 수밖에 없다는 점이다. 이런 종류의, 있을 성싶지 않은 일은 대학의 기말 리포트에서도 곧잘 일어나고는 한다. 중요한 것은, 작중 인물이 자신의 현실인 소설 세계의 법률에 따라

행동하게 되어 있다는 점이다. 다른 말로 하자면 화자는, 자기가 내세운 갖가지 전제 조건의 포로에 지나지 않는 것이다.

여기에서 또 하나 짚고 넘어가고 싶은 것은 미궁에 관한 것이다. 내가 귀동냥으로 알고 있는 모든 미궁(내게는 미궁에 관한, 산타르칸젤리의 연구서가 있다)은 옥외의 미궁이다. 내가 아는 미궁은 모두 지독하게 복잡하고 그 구조상 나선과 곡절이 대단히 많다. 그러나 내게는 옥내의 미궁이 필요했다(옥외 장서관이라는 것이 도무지 가능하지 않기 때문이다). 그러나 내게 필요한 미궁은 너무 복잡하면 안 되었다. 길이 너무 복잡하고 방이 너무 많으면 공기의 소통이 안 될 터이고 공기가 충분히 소통이 안 되면 화재로 전소될 가능성이 그만큼 떨어지기 때문이다(내 계획에 따르면 장서관은 결국 전소하게 되어 있었다. 이것은 우주론적-역사적 귀결이다. 중세에는 성당이나 수도원에 불이 붙었다 하면 부싯깃처럼 탔다. 화재가 없는 중세를 상상한다는 것은 화염에 싸인 채 추락하는 전투기가 나오지 않는 2차 세계 대전 영화를 상상하는 것만큼이나 힘든 일이다). 결국 두세 달에 걸쳐 적당한 조건을 갖춘 미궁을 만든 나는, 여기에다 몇 개의 환기구를 배치하여 공기를 충분하게 공급하게 만듦으로써 대화재로 전소될 수 있게 했다.

누가 말하는가?

 내 앞에는 문제가 산적해 있었다. 내게는 밀폐된 공간, 말하자면 고밀도 우주가 필요했다. 공간을 효과적으로 밀폐하기 위해서는, 내가 보기에 단일한 장소는 물론이고 단일한 시간이 필요한 것 같았다(어차피 단일한 행동이라는 것은 도무지 가능해 보이지 않았기 때문이다). 그래서 선정된 것이 베네딕트회 수도원이었다. 잘 알려져 있다시피 베네딕트회 수도원의 삶의 모습은 전례 시간에 따라 좌우된다(『율리시스』는 소설의 구조 자체가 하루의 시간대로 엄격하게 나뉘어져 있기 때문에 무의식적인 모범이 되었을 것이다. 그러나 또 하나의 모범은 『마의 산』이다. 무대는 산이고, 상황은 요양에 맞추어져 있으며, 엄청나게 많은 대화가 나오기 때문이다).

 대화의 문제가 특히 내게는 까다로웠지만 나는 써가

면서 이 문제를 하나씩 해결했다. 화법에 관한 이론에서는 별로 중요하게 논의되지 않는 테마가 하나 있다. 즉 화자가 작중 인물에게 대화의 성격을 부여하는 대화의 보조 수단과 관련된 주제가 그것이다. 다음의 다섯 가지 대화를 서로 비교해 보기 바란다.

1. 「어떻게 지내?」
「나쁘지 않아. 자네는?」

2. 「어떻게 지내?」 존이 말했다.
「나쁘지 않아. 자네는?」 피터가 말했다.

3. 「어떻게 지내?」 존이 말했다.
그러자 피터가 재빨리 대답했다. 「나쁘지 않아. 자네는?」

4. 「어떻게 지내?」 존이, 궁금한 듯이 물었다.
「나쁘지 않아. 자네는?」 피터가 낄낄거리면서 대답했다.

5. 존이 말했다. 「어떻게 지내?」
「나쁘지 않아.」 피터가 무덤덤한 목소리로 대답했

다. 그러고는 야릇한 미소를 띤 채 덧붙였다.「자네는?」

우리는 여기에서 1, 2의 대화만 제외하고 나머지 대화에서는 모두 작가가 자기 견해를 개입시킴으로써 이야기에 끼어들고 있다는 것을 알 수 있다. 그렇다. 작가는 개인적인 의견을 덧붙임으로써 두 사람의 말이 감정적으로 어떻게 해석되어야 할 것인가를 암시한다. 하지만 겉으로 객관적으로 보이는 1, 2의 경우에 작가의 감정적 개입은 전혀 배제되어 있는 것일까? 독자는 무의식 중에 감정적 개입을 하고 있는데도 불구하고 이 객관적인 대화로부터 완전히 자유로워질 수 있는 것일까(헤밍웨이의 소설에 나오는, 겉으로는 중립적으로 보이는 대화들을 상기할 필요가 있다), 아니면 적어도 저자의 개입을 분명히 알 수 있는 3, 4, 5의 경우에 더 자유로워질 수 있는 것일까?

그것은 문체의 문제, 관념 형태의 문제, 내재율 혹은 유음(類音)의 선택, 패러그램의 도입 같은 문제와 관련된 〈시적(詩的)〉인 문제이다. 어떤 방법이 선택되든 일관성은 있어야 한다. 내 경우 모든 대화는 아드소에 의해 회고되기 때문에, 모든 대화에다 아드소 자신의 견해를 개입시키는 것이 필요했다. 때문에 이 문제의 해결은

비교적 쉬웠다.

 그런데 대화는 나에게 엉뚱한 문제를 던졌다. 중세의 대화가 과연 어떤 것이냐 하는 문제였다. 책을 쓰면서 나는 내 책에 나오는 대화가, 긴 레치타티보[敍唱]와 공들인 아리아로 이루어진 희가극 구조로 쓰이고 있다는 것을 알았다. 아리아(가령 교회의 출입구에 대한 묘사)는 중세의 장중한 수사법을 모방한 것으로, 그 전형이 될 만한 문장은 이루 헤아릴 수 없을 만큼 많이 있다. 하지만 대화는 어떤가? 나는 일정한 대목에 이르자 대화는 애거서 크리스티의 대화, 아리아는 쉬제르나 생 베르나르를 모방한 것으로 보이지나 않을까 걱정스러웠다. 중세의 소설, 기사(騎士)의 시대에 쓰인 작품들을 정독한 뒤에 나는, 나 자신이 중세의 화법에 관해 약간의 자유를 누리기는 했지만, 여전히 중세 사람들에게는 생소하지 않았을 터인 화법이나 시적인 용어를 존중하고 있다는 사실을 깨달았다. 이 문제는 상당히 오랜 기간 나를 괴롭혔다. 그러나 나는 지금도 아리아와 레치타티보 사이의 음역(音域)을 바꾸는 문제를 해결한 것으로는 보이지 않는다.

 또 다른 문제는 목소리의 포장, 혹은 화자가 나타낼 견해의 포장과 관련된 것이다. 내가 알고 있었던 것은, 이 소설의 〈나〉가 다른 사람의 언어를 빌려 이 이야기를 하고 있다는 것, 〈서문〉에서 아드소의 언어가 적어도 다른 두 사람(즉 마비용과 발레 수도사)에 의해 여과된 것이었다는 사실을 밝히고 있다는 것이었다. 물론 그들은 여기서 문헌학자의 역할만 하기로 가정되어 있기는 하지만 말이다(이걸 누가 믿을 것인가?). 그런데도 불구하고, 아드소의 1인칭 기술이 문제를 제기했다. 잘 알다시피 아드소는 나이 여든에 이르러 열여덟 살 때 겪은 일을 기술하고 있다. 그렇다면 정작 말을 하고 있는 사람은 누구인가? 여든 살이 된 아드소인가? 아니면 열여덟 살인 아드소인가? 물론 둘 다 말을 하고 있다. 그런데 이게 기술적으로 까다로웠다. 그래서 나는 속임수를 쓰지 않을 수 없었다. 즉, 젊은 시절에 보고 느낀 것을 회상하는 대목에서 끊임없이 늙은 아드소를 등장시킨 것이다. 이러한 방법의 본이 된 것은 『파우스트 박사 Doctor Faustus』(이 책을 다시 읽은 것은 아니고 오랜 기억에 의지했을 뿐이다)에 나오는 제레누스 차이트블롬의 경우였다. 이 차이트블롬에 대한 체계적인 모방이 내게는 굉장히 좋았다. 그 까닭은 차이트블롬과 비슷하게 아드소를 그려 내면서(가면에 관한 이야기를 여기에서 다시 하게 되는 셈이다) 나는 연대기 작가, 이 소설의 작가, 1인칭의 화자인 나와 회화 자체를 포함하는 작중 인물 사이에 가로놓여 있는 일련의 공간, 일련의 영상을 다시한 번 모방해 낼 수 있었기 때문이다. 나는 차이트블롬이 지어내는 소설의 공간에 의해 안전하게 보호받는다는 느낌을 경험했는데 이러한 경험은 내가 어린 시절에 즐겨 하던 장난을 상기시켜 주었다(이것은 라임꽃 차에 담갔다 꺼낸 마들렌 과자에 관한 추억같이 명징하게 물리적으로 상기하게 되었음을 뜻한다). 어릴 때 나는 곧잘 잠수함을 탄다면서 담요를 뒤집어쓰고, 역시 옆 침대에서 담요를 뒤집어쓰고 있는 내 누이에게 신호를 보내고는 했다. 이로써 우리는 외부와 완전히 단절된 채 한 쌍의 닻처럼 고요한 바다의 바닥을 훑으면서 자유롭게 여행할 수 있었다.

아드소는 나에게 대단히 중요했다. 처음부터 나는 한 사춘기 소년의 입을 통해 이야기(그 미스터리, 정치적, 신학적 사건, 심지어 이러한 사건이 지니는 이중적인 의미까지)를 하게 하고 싶었다. 이때 내가 말하는 사춘기 소년은 문제의 사건을 경험하고 이것을 사진처럼 그려 낼 수는 있되, 그 사건의 진정한 의미는 이해하지 못해야 한다(늙어서도 끝내 이해하지 못한다. 그는 자기 스승도 가르쳐 준 적이 없는 적멸에 드는 것을 선택했기 때문이다). 말하자면 나는 아무것도 이해하지 못하는 사람의 언어를 통해 독자들에게 이것을 이해하도록 만들고 싶었던 것이다.

서평들을 읽으면서 나는 이 소설이 지닌 이런 측면들이 고급 독자들에게 별로 깊은 인상을 주지 못했다는 사실을 알았다. 감히 말하거니와, 이것을 눈치 챈 독자도 많지 않은 것 같았다. 그러나 그런 점이, 훈련되지 않은 독자들도 이 소설을 읽을 수 있게 만든 특징들 중 하나가 아닐까 생각해 본다. 훈련되지 않은 독자들은 화자의 무지를 자신의 것으로 받아들였고, 그래서 읽어 보고 이해가 잘 안 되는 대목에서도 별 부담을 느끼지 않았던 것이다. 그러니까 나는 독자들에게, 섹스와 미지의 언어와 난삽한 사상과 정치적인 갈등의 난맥…… 같은 것들 앞에서 느낄 터인 당혹감을 합리화할 길을 열어 두었던 셈이다. 물론 이 사실들은 지금에 와서야 알게 된 것들이다. 소설을 쓸 당시 나는 이런 것도 모른 채 아드소가 느끼고 몸부림치는 사랑에 대한 열망에다 내 사춘기의 공포를 모조리 쏟아 부었던 것 같다(당시 나는 다른 사람을 통해서도 나 자신을 드러낼 수 있다고 확신하고 있었다. 실제로 아드소 역시, 중세 교회의 석학들이 정의해 낸 사랑에 대한 술어를 통해 자기 사랑의 고통을 체험하고 있다). 예술이란 사적인 감정으로부터의 도피이다. 조이스와 엘리엇이 나에게 가르쳐 주었듯이 말이다.

　감정과의 싸움은 힘에 겨웠다. 나는 결정적인 순간에 윌리엄 수도사로 하여금, 알라누스 데 인술리스의 『자연의 비탄』에 나오는 기도를 본뜬 아름다운 기도를 하게 했다. 그러나 그렇게 해놓고 가만히 생각해 보니 나 자신이나 윌리엄이나, 나는 작가로서 윌리엄은 작중 인물로서, 너무 감정에 빠지고 있는 것 같았다. 작가인 나는, 시적인 이유에서 너무 감정에 굴복할 수 없는 일이었고, 작중 인물인 윌리엄은, 나와는 다른 종류의 인간이어서, 그의 감정은 지극히 정신적인 것, 혹은 절제된 것이어야 했기 때문에 그럴 수가 없었다. 그래서 결국 나는 이 부분을 삭제하고 말았다. 그런데 내 책을 읽은 친구 중 하나는 〈윌리엄이, 연민으로 인해 고통을 느끼는 일이 없는 사람으로 그려진 게 옥의 티〉라는 말을 한 적이 있다. 그녀의 이야기를 다른 친구에게 전했더니 그 친구는 이렇게 말했다. 〈옥의 티가 아니야. 윌리엄의 연민 스타일이 그런 것일 뿐이지.〉 이 친구의 말이 맞는 것 같다. 아니, 맞았으면 좋겠다.

암시적인 간과

아드소라는 인물은 나에게 다른 것을 다루는 데도 유용했다. 내가 쓰는 이야기는 중세를 무대로 하는 여느 소설, 즉 오늘날의 소설처럼, 소설에 쓰인 특정한 내용은 독자들도 훤히 아는 그런 소설일 수도 있었다. 무슨 말이냐 하면, 오늘날의 소설의 경우, 가령 등장인물이 교회가 자기의 이혼을 허락하지 않는다고 주장한다고 치자. 이 소설의 작가는 교회가 왜 그의 이혼에 동의하지 않는지 설명할 필요가 없다. 독자들이 다 알기 때문이다. 그러나 역사 소설에서는 이게 가능하지 않다. 왜냐하면 이때 서술의 목적은 당시에 무슨 일이 있었는지, 그 일이 어떻게 오늘날의 독자들에게도 중요한지를 명백하게 설명하는 일이기 때문이다.

여기에 바로 내가 〈살가리즘〉[10]이라고 부르는, 우리가 경계하지 않으면 안 되는 문제가 있다. 에밀리오 살가리의 모험 소설에 나오는 등장인물들은 추격대에 쫓기면서 밀림으로 도망치다가 바오밥 나무 뿌리 때문에 고생하게 되는데, 화자는 여기에서 이야기를 뚝 끊고 우리에게 바오밥 나무에 관한 식물학 강의를 한참 신명 나게 한다. 그런데 이게 우리가 사랑하는 사람의 결점처럼 오히려 매력적인 것으로 돋보이면서 정형화된 상투적 표현으로 자주 등장하고는 한다. 그러나 이러면 안 된다.

나는 이런 식으로 얼렁뚱땅 넘어가는 것을 피하기 위해서 수백 페이지를 다시 썼다. 그러나 내가 이 문제를 해결한 방법을 여기에다 일일이 쓰지는 않겠다. 나는 책을 쓰기 시작하고 나서 2년이 지난 다음, 〈난삽한〉 책을 좋아하지 않을 것 같은 사람들에게 실제로 이 책이 읽히는 까닭을 생각하다가 이 문제에 대한 해답을 찾아내었다. 아드소의 화법은 〈암시적 간과법(看過法, preterition)〉, 혹은 〈역어법(逆語法, paralepsis)〉, 혹은 〈언급의 회피를 통한 직접적인 언급 passing over〉이라고 불리는 수사학적인 방법에 그 바탕을 두고 있다. 튜더 왕조 시대의 다음과 같은 문장이 좋은 본보기가 될 듯하다. 어떤 사람이 다른 사람에게, 〈나는 자네가 친구한테 뇌물을 받

10 Emilio Salgari는 이국에서의 모험을 내용으로 하는 수많은 책을 쓴 19세기 후반의 유명한 이탈리아 대중 소설가이다 — 원주.

「요한의 묵시록」(12:1∼6) 태양과 용을 입은 여자에 대한 베아토의 주석서 삽화.
마드리드 국립 도서관에 소장되어 있는 산 이시도로 필사본 원고에서.
〈탁자 위, 향로 옆에는 밝게 원색 그림이 그려진 서책이 펼쳐져 있었다. 나는 그쪽으로 다가가, 한 면에 각각 다른 색깔로 그려진 네 개의 줄을 보았다. 노랑, 주홍, 청록, 적갈색 줄이었다. 그 옆에는 보기에도 끔찍한 괴수 한 마리가 그려져 있었다. 머리가 열 개인 거대한 용이었다. 용의 뒤로는 하늘의 별들이 따르고 있었다. 용은 꼬리를 땅에까지 드리우고 있었다. 그때였다. 나는 용의 수효가 무수하게 불어나는 걸 보았다.〉 (『장미의 이름』, 321면)

았다고 말하는 것이 아니네. 내가 한가하게 그런 이야기나 하고 있을 여유도 없고……〉라고 할 경우를 생각해 보자. 이때 화자는 다른 사람이 다 알고 있는 것이니까 굳이 말할 것도 없다는 투로 이야기하고 있다. 그러나 실제로 이 화자는 정확하게 바로 그 뇌물 이야기를 하고 있다. 아드소도 이 방법을 자주 쓰고 있다. 그는 당시에 익히 알려져 있던 어떤 사람이나 사물에 대해 말할 때마다 이 방법을 쓰고는 한다. 아드소의 독자들, 즉 14세기 말의 독일인들은 아드소가 말하는 사람들이나 사건에 관해 알 턱이 없을 터인데도 불구하고(14세기 초의 이탈리아 사람들 일이거나 이탈리아에서 일어난 사건일 것이므로) 아드소는 서슴없이, 그것도 훈계조로 논의하고는 한다(어떤 사건을 기술할 때마다 백과사전적인 관념을 서슴없이 끌어들이는 것은 중세 연대기 작가들에게 공통된 스타일이다). 내 친구 중 한 명(앞에서 소개한 친구는 아니다)은 내 원고를 읽고 나서, 글이 저널리스트풍인데 충격을 받았다고 했다. 말하자면 색조가 소설의 색조가 아닌 신문 기사의 색조이더라는 것이다. 처음에 나는 화가 났다. 그러나 오래지 않아 그녀가 정확하게 보았음을 깨달았다. 당시의 연대기 작가들이 이야기를 전개하는 방식이 그랬다. 이탈리아인들이 지금도 신문의 지방 뉴스 페이지를 말할 때 *cronaca*(연대기)라는 말을 쓰는 것은, 연대기가 수세기를 건너뛰어 그 페이지에서 다시 나타나고 있는 것으로 보기 때문이다.

행보

 그러나 내 책에 교육적인 목적의 긴 글이 실려 있는 데는 다른 까닭이 있다. 원고를 읽어 본 내 친구들과 편집자들은 처음의 백 페이지를 줄일 수 없느냐고 했다. 너무 어려워서 읽으려니까 진땀이 나더라는 것이다. 나는 두 번 생각해 볼 것도 없이 그 자리에서 거절했다. 나는 그들에게, 어떤 사람이 낯선 수도원에 들어가 이레를 묵을 작정을 한다면 그 수도원 자체가 지닌 행보(行步, pace)를 받아들여야 하지 않겠느냐고 주장했다. 그런 수고도 할 생각이 없는 사람이라면 내 책을 읽어 낼 수 없다. 따라서 이 첫 백 페이지는 고행, 혹은 입문 의례와 같은 것이다. 이 부분이 싫은 사람에게는 나머지도 싫을 수밖에 없다. 그런 사람은 수도원이 있는 산으로 올라갈 게 아니라 산기슭에 남아 있는 게 좋다.

소설로 들어간다는 것은 산을 오르는 것과 같다. 산을 오르자면 호흡법을 배우고, 행보를 익혀야 한다. 배울 생각이 없으면 그 자리에 남아 있는 게 낫다. 시에서도 마찬가지이다. 배우가 읊은 시가 얼마나 시시껄렁한지 생각해 보면 알 수 있다. 배우는 운문의 운율은 무시하고, 주제넘게도 그 내용을 〈해석〉하고, 극적인 효과를 내느라고 좔좔 연달아서 읽어 버린다. 그게 어디, 운율 대신에 내용만 있는 산문이던가? 리듬이 있는 옛 시를 읽을 때는 시인이 의도한, 노래하는 듯한 운율을 살려야 한다. 의미를 해석해 놓고 단테를 읽는 것보다는 차라리 어린이용 단테를 읊는 편이 백 번 낫다.

대화에서 호흡은 문장에서 나오는 것이 아니고 그 보다 더 큰 것, 즉 사건의 운율 분석에서 나온다. 그래서 소설 중에는 아기 사슴의 호흡을 가진 것이 있는가 하면 고래나 코끼리의 호흡을 가진 것도 있다. 하모니〔和聲〕는, 호흡의 장단에서 비롯되는 것이 아니고 호흡의 규칙성에서 비롯된다. 만일에 특정 대목에서 호흡이 깨지고 (이런 일이 자주 일어나서는 안 되지만), 들숨과 날숨의 주기가 완성되기 전에 장(章 혹은 문장)이 끝나 버릴 경우, 이 규칙성으로부터의 일탈은 소설의 경제에서 중요한 역할을 맡게 될 수 있다. 말하자면 이 규칙성으로부터의 일탈은 소설의 전기 혹은 급진전을 알리는 신호 노

「요한의 묵시록」(8:8~9)에 대한 베아토의 주석서 삽화. 마드리드 국립 도서관 소장 산 이시도르 필사본 원고에서.
〈둘째 천사가 나팔을 불었습니다. 그러자 불붙는 큰 산과 같은 것이 바닷물에 던져져서 바닷물의 삼분의 일이 피가 되고……〉(「요한의 묵시록」 8:8)
〈또 한 녀석…… 채식(彩飾)하던 녀석이 죽었다는 것도 알고 계시겠지? ……세 번째 나팔소리가 또 들릴 게야.〉(『장미의 이름』, 292면)

릇을 할 수 있는 것이다. 이른바 대가(大家)들의 작품에서 그렇다. 위대한 소설이라는 것을 보면 작가는 대체로 일관성이 있는 기본적인 리듬 안에서 언제 액셀러레이터를 밟아야 할지, 언제 브레이크를 걸어야 할지, 언제 클러치를 조작해야 할지를 잘 알고 있는 경우가 대부분이다. 음악에는 〈루바토〉[11]라는 것이 있다. 그러나 이것을 너무 자주 사용하면 안 된다. 자주 사용하면 쇼팽을 연주하면서 과장된 루바토를 남발하는 엉터리 연주자 꼴이 되고 만다. 나는 지금 내가 문제를 어떻게 해결하는가에 대해서 말하고 있는 것이 아니고 문제를 어떻게 제기했느냐에 대해 쓰고 있다. 그러나 내가 만일 의식적으로 문제를 제기했다고 한다면 나는 거짓말을 하고 있기가 쉽다. 글쓰기에는, 손가락이 타이프라이터의 자판을 두드리고 있을 때에도 나름의 생명력을 지닌 채 생각에 몰두하는 총체적 사고 작용이라는 것이 존재한다.

글쓰기가 어떻게 손가락의 사고 작용일 수 있는지 한 가지 예를 들어서 설명해 보자. 본관 주방에서 벌어지는 정사 장면은 전적으로, 「아가(雅歌)」에서 생 베르나르, 장 드 페캉, 혹은 빙겐의 성 힐데가르트에 이르기까지 종교 텍스트에서 인용한 문장으로 구성되어 있다. 중세

---

[11] 가령 한 음을 길게 연주했으면 그 대신 다른 음을 짧게 연주하는 등, 정해진 박자 안에서 자유롭게 템포를 구사하는 연주법.

의 신비주의 텍스트에 문외한인 독자들도, 귀가 있는 독자들이라면 다 이것을 눈치 채고 있을 것이다. 그러나 지금 와서 누가 나에게, 그 인용문의 출처가 어디이고, 어디에서 어디까지가 구체적으로 누구로부터 인용한 것이냐고 묻는다고 해도 나는 대답할 수 없다.

실제로 나에게는 수많은 텍스트에서 골라낸 상당량의 파일 카드가 있다. 온전한 책인 경우도 있고, 복사한 것도 있다. 파일 카드 중, 내가 이 소설에서 써먹은 것은 사실 얼마 되지 않는다. 그런데 나는 이 장면에 이르자 앉은자리에서 단숨에 썼다(뒤에 나는 이렇게 쓴 것을, 일관된 마감질 작업 과정에서 다시 손질했기 때문에, 기운 자국이 별로 보이지 않는다). 내가 이 대목을 쓸 당시 수많은 텍스트는 바로 내 팔꿈치 아래에 있었다. 나는 이 자료들을 무순(無順)으로 내 소설에다 짜 넣었다. 믿어지지 않겠지만 나는 이 대목을 짜면서 눈에 띄는 대로 한 대목 한 대목을 텍스트의 파일 카드로부터 복사해 나갔다. 이 장의 초고(草稿)는 다른 어떤 장보다 빠른 시간 안에 쓰였다. 뒤에 안 일이지만 나는 내 손가락으로 하여금 아드소가 벌이는 정사의 리듬을 좇게 했다. 따라서 나는 적당한 인용문을 고르기 위해 손을 멈춘 적은 거의 없는 셈이다. 이렇게 했는데도 인용문이 제대로 짜여진 것은 나에게 그것을 짜 맞추는 일종의 행보가 있었기 때문이다. 내 눈은, 내 손가락의 리듬이 포착해 낸 어떤 인용문을 거부한 적도 있었지만 나의 눈보다는 손가락을 믿었다. 글쓰기가, 정사 행위와 똑같은 길이로 계속되었다고는 말하지 않겠다(정사라고 하는 것은 굉장히 오래 끌 때도 있는 법이다). 그러나 정사 행위에 걸린 시간과 글을 쓰는 데 걸린 시간의 차이를 될 수 있으면 줄이고자 했다는 것은 자신 있게 말할 수 있다. 내가 여기에서 말하는 〈글쓰기〉는 롤랑 바르트적 의미에서의 글쓰기가 아니라 타이프라이터의 입장에서 본 글쓰기를 말한다. 말하자면 물리적, 물질적 행위로서의 글쓰기를 말하는 것이다. 따라서 나는 감정의 리듬이 아닌 몸의 리듬을 말하고 있는 것이다. 이 대목에 이미 감정은 일정한 수준까지 여과된 채 신비주의적 황홀 혹은 에로틱한 황홀과 유사한 상태로 결정되어 있었다. 다시 말해서 텍스트를 읽고, 내가 차용할 부분이 결정되는 순간에 이미 대기 상태에 있었다는 것이다. 그 다음부터 내 작업 과정에서 감정은 배제되었다. 정사를 벌인 것은 아드소였지 내가 아니었다. 나는 그저, 북을 두드림으로써 사랑 이야기를 하려고 작정한 사람처럼 〈그의〉 감정을 눈과 손가락의 움직임으로 번역한 데 지나지 않는다.

독자

 리듬, 행보, 참회…… 누구를 위해서? 나를 위해서? 아니다, 절대로 그렇지 않다. 독자를 위해서이다. 글을 쓸 때는 누구나 독자 생각을 한다. 화가는 그림을 그리면서도 늘 그 그림을 감상할 사람들을 생각한다. 화가는 일련의 붓질이 끝날 때마다 두세 걸음 물러서서는 자기 붓질의 효과를 감상한다. 그러니까 화가는 적당한 조명을 받는 상태, 벽에 걸려 있는 상태에서 그 그림이 보는 사람들에게 미칠 효과를 가늠하는 것이다. 소설의 경우 작품이 완성되면 텍스트와 독자 사이에는 대화의 채널이 생긴다(여기에서 저자는 제외된다). 집필 단계에는 두 가지의 대화가 존재한다. 하나는 텍스트와, 이미 쓰인 다른 텍스트와의 대화(책이라고 하는 것은 다른 책을 통해서, 다른 책의 주변에서만 쓰일 수 있는 것이다), 또 하나는 저자와 그 저자의 모범 독자와의 대화이다. 나는 일찍이 『독자의 역할The Role of the Reader』, 그리고 그 이전에는 『열린 작품Opera aperta』 같은 책에서 이러한 나의 생각을 이론화한 바도 있다. 이러한 아이디어 자체가 내 것이 아닌 것은 물론이다.

저자는 책을 쓸 때 마음속에 어떤 경험적인 독자를 상정하고 쓴다. 근대 소설을 확립한 리처드슨, 필딩, 디포 같은 작가들(출판업자와 자기네 마누라를 위해서 쓴)도 그렇게 썼다. 그러나 그들만 그랬던 것은 아니다. 조이스 역시, 불면증에 시달리는 이상적인 독자를 상상하면서 소설을 썼다. 작가가 자기 작품을 기다리고 있는 대중을 위해서 쓰건, 돈을 위해서 쓰건, 아니면 새로운 독자를 만들기 위해서 쓰건, 글쓰기라는 것은 곧 텍스트를 통하여 자기 나름의 독자를 확보하는 작업이다.

한 독자가 소설의 처음 백 페이지라고 하는 잠재적인 난관을 극복한다는 것은 어떤 의미를 지니는가? 그것은 다름 아닌, 거기에 이어지는 것을 읽어 낼 만한 힘을 지닌다는 뜻이다. 따라서 작가가 소설의 모두(冒頭)에다 백 페이지의 잠재적인 난관을 매설하는 것은 자기의 독자층을 조직하는 작업이지 다른 것이 아니다.

오로지 후세만을 위해서 글을 쓰는 사람도 있을까? 그런 사람은 있을 수 없다. 스스로 그렇게 주장하는 사

「요한의 묵시록」(9:7~12)에 대한 베아토의 주석서 삽화. 마드리드 국립 도서관 소장 산 이시도로 필사본 원고에서.
〈그때 나는 하늘로부터 땅에 떨어진 별 하나를 보았습니다. 그 별은 끝없이 깊은 지옥 구덩이를 여는…… 메뚜기들이 나와 땅에 퍼졌습니다…… 그 메뚜기들의 모양은 전투 준비가 갖추어진 말 같았습니다…… 그것들은 전갈의 꼬리와 같은 꼬리를 가졌으며…….〉(「요한의 묵시록」 9:1~10)
〈그가 그랬어요……. 정말…… 전갈 천 마리의 힘이…….〉(『장미의 이름』, 741면)

람이 있다면 그는 거짓말을 하고 있는 것이다. 노스트라다무스가 아닌 바에, 작가가 아무리 후세를 위해서 쓴다고 하더라도 그 후세의 독자라고 하는 것이 곧 당대 독자들을 통해서 상정되는 것이기 때문이다. 몇 명의 독자들을 위해서만 글을 쓰는 작가도 있을까? 그것이 의미하는 바가, 작가가 상상하는 모델 독자가 현실적으로 존재할 — 몇 명이 되든 — 기회를 조금이나마 갖는다는 뜻이라면, 그렇다. 그러나 이런 작가도 결국은 자기의 책이 새로운 많은 독자들을 만들 수 있게 되었으면 하는 바람, 많은 독자들이 자기 글에서 많은 것을 얻어 내었으면 하는 바람에서 글을 쓰기는 마찬가지이다.

차이가 있다면, 새로운 독자층의 출현을 추구하는 텍스트와, 거리에서 얼마든지 만날 수 있는 독자들의 요구를 충족시키고자 하는 텍스트의 차이가 있을 뿐이다. 후자의 경우, 우리 손으로 들어오는 것은 효과적인 대량 생산 체제에 따라 쓰이고, 조직된 텍스트이다. 이 경우 작가는 일종의 시장 동향 분석가가 되어 자기 작업이 환기시킬 결과를 작업의 과녁으로 삼는다. 이런 작가가 어떤 공식에 따라 작업에 임하는 것은 물론이다. 이런 작가가 쓴 소설을 모두 분석하고, 중요한 대목을 메모하여, 이름과 무대와 주요 등장인물의 성격을 살짝 바꾸어 놓으면 또 하나의 소설이 된다. 바로 대중이 그 작가에게 요구했던 바로 그런 소설이 되는 것이다.

그러나 새로운 소설, 전혀 다른 종류의 독자들을 염두에 두고 소설을 쓰려고 할 경우 작가는, 독자가 드러낸 요구를 분류하는 시장 동향 분석가가 아닌, 시대 정신의 흐름을 간취하는 철학자가 되어야 한다. 이런 작가는, 대중이 원하는 것을 쓰는 것이 아니라 대중이 〈원해야 하는〉 것을 드러내고자 한다. 설사 작가 자신이, 대중이 원해야 하는 것이 무엇인지 모르더라도 그렇게 해야 한다. 이런 작가는 자기를 독자에게 드러내는 것이 아니라 독자를 자기에게 드러내고자 한다.

만일에 만초니가 대중의 요구 사항을 생각해 본 적이 있다면 그의 소설 집필 양식은 훨씬 쉬울 수도 있었을 것이다. 그리스 비극이 그렇듯이 왕이나 공주같이 빼어난 작중 인물을 대거 등장시키고, 고상하고도 위대한 열정, 영웅적인 전투, 이탈리아가 막강하던 시절의 영광을 재현하면서 중세를 무대로 한 역사 소설을 쓸 수도 있었을 것이다(이것이야말로 그가 『아델키 *Adelchi*』에서 행했던 바가 아닌가).[12] 이거야말로 만초니의 시대에, 혹은 그 이전에, 지금은 잊힌 수많은 역사 소설가들, 이를테면 장인 기질이 있던 다첼리오, 문장이 치열하고 거칠

---

12 『아델키』(1822)는 카롤루스 대제의 이탈리아 정복을 그린 희곡이다.

던 구에라치, 읽기가 몹시 힘든 칸투 같은 작가들이 즐겨 쓰던 방법이 아니던가.

하지만 만초니는 어떻게 하는가? 그는 농노와 천민의 시대인 17세기를 선택한다. 그의 소설에 등장하는 유일한 검객은 건달이다. 만초니는 전투 이야기도 하고 있지 않다. 그는 자기 소설을 과감하게 문서나 포고문의 수준으로 격하시켜 놓는다. 그런데도 사람들은 그를 좋아한다. 유식한 사람이든 무식한 사람이든, 젊은 사람이든, 늙은 사람이든, 신심이 있는 사람이든 종교를 폄훼하는 사람이든, 모두가 그를 좋아한다. 왜? 만초니는 자기 시대의 독자들이 마땅히 읽어야 하는 것이 무엇인지를 나름대로 감지하고 있었기 때문이다. 그렇다고 해서 만초니가, 독자들이 읽어야 하는 것이 무엇인지를 정확하게 꿰뚫고 있었던 것도 아니고, 독자 쪽에서 그것을 요구한 것도 아니다. 더구나 독자들이 그런 것을 자기네들 구미에 맞는다고 생각했던 것도 아니다. 그러니 망치와 톱과 널빤지와 사전을 가지고 자기의 작품을 독자의 구미에 맞추었으니 그 작업이 얼마나 힘들었겠는가? 그가 열망한 것은 경험상의 독자를 자기의 진정한 독자의 본으로 만들어 내는 것이었다.

만초니는 대중을 기쁘게 하기 위해서 소설을 쓴 작가가 아니라 자기 소설을 좋아하지 않을 수 없는 독자를 만들기 위해서 소설을 쓴 작가이다. 좋아하지 않는 자에게 화 있으라는 식이다. 그는 극도의 위선을 감추지 않되 극도로 침착하게 〈25명의 독자〉를 상대로 입을 열었다. 그러나 실제로 그가 원한 독자의 수는 2천 5백만이었다.

그러면 내가 소설을 쓰면서 바라던 독자는 어떤 사람들일까? 물론 나의 장난에 함께 놀아나 줄 공범자이다. 나는 철저히 중세적이고자 했고, 지금 이 시대를 사는 것처럼 중세를 살고자 했다(중세를 사는 것처럼 이 시대를 살고자 했다는 것과 마찬가지 의미를 지닌다). 그러나 동시에 나는 최선을 다해 하나의 독자 유형을 창조하고자 했다. 일단 통과 의례를 끝마치고 나면 나의 〈밥〉(내가 만든 텍스트의 밥이라는 편이 더 낫겠다)이 되는 독자, 텍스트가 주는 것 이외에는 더 이상 아무것도 바라지 않는 독자를 창조하고자 했다. 텍스트라고 하는 것은, 독자들에게 변모의 경험을 뜻한다. 독자들은 섹스가 있고, 마지막 대목에서 범인이 드러나고, 그러면서도 액션이 철철 넘치는 범죄 소설의 구성을 원한다. 그러나 이런 소설을 원하면서도 동시에, 산송장과 악몽 같은 미궁, 범죄에 대한 죄 없는 회오 같은 것으로 이루어진 낡아 빠진 범죄 소설을 읽었다는 사실 자체를 창피하게 여긴다. 그래? 그렇다면 라틴어 무더기를 선사할 수밖에? 여자는 등장하지도 않는 소설, 신학이 난무하고, 그랑 기뇰[13]의

단골 단막극처럼 몇 갤런의 피가 쏟아지는 소설을 쓸 수도 있다. 그러면 독자들은 〈이건 가짜다. 나는 이걸 받아들일 수 없다〉고 할 것이다. 그러나 바로 이렇게 생각하는 순간 독자들은 내 것이 되어야 한다. 내 것이 되어, 세상의 질서를 아무짝에도 쓸데없게 만들어 버리는 하느님의 무소부재(無所不在)와 전지전능에 스릴을 느끼게 된다. 그런 다음에 눈치 빠른 독자들은, 내가 독자들을 어떻게 이런 덫 쪽으로 유인해 왔는지를 깨닫게 된다. 왜? 나는 단계단계마다, 틈날 때마다 독자들에게 조심스럽게, 내가 독자들을 파멸로 이끌고 있다고 경고했기 때문이다. 악마와의 계약에서 가장 멋진 점은, 우리는 악마와의 계약에 서명한 뒤에야 그가 내건 모든 조건들을 잘 알게 된다는 점이다. 악마가 내건 조건을 잘 알고 있었다면 지옥에 떨어지는 징벌을 당할 리가 있겠는가?

독자들로 하여금, 우리를 전율하게 하는 것(말하자면 형이상학적인 전율)을 기쁨으로 받아들일 수 있게 하고 싶었기 때문에 나는 (무수한 플롯 중에서) 가장 형이상학적이고 철학적인 구조, 즉 탐정 소설의 구조를 선택하지 않을 수 없었다.

---

13 19세기 파리의 카바레에서 유행했던 짤막한 연극. 내용은 폭력, 공포, 잔혹함으로 채워져 있다.

탐정 소설의 형이상학

이 책이 미스터리로 시작되는 것(그리고 순진한 독자들을 속이다가, 결국 밝혀지는 것은 아무것도 없는 상태에서 탐정이 패배하는 미스터리로 끝나는 것)은 우연이 아니다. 나는 사람들이 스릴러를 좋아하는 이유가 거기서 피가 튀고 시체가 나뒹굴기 때문이 아니라 지성적, 사회적, 합법적, 도덕적 질서가 결국은 악마의 혼돈을 극복하고 승리를 거두면서 끝나기 때문이라고 믿는다. 사실, 범죄 소설은 일종의 순수하고 단순한 추리의 사고 체계를 표현한다. 그러나 범죄 소설만 그런 것이 아니고, 의학적인 진단(과학적인 연구, 형이상학적인 탐구) 역시 하나의 추리적 사고 체계의 전형일 수 있다. 결국 철학의 기본 문제는(정신분석의 기본 문제와 마찬가지로) 탐정 소설의 기본 문제와 같다. 즉, 누구에게 죄가 있느냐, 하는 것이다. 이것을 알아내기 위해서는(이것을 안다고 생각할 수 있기 위해서는) 모든 사건이 논리적인 구조(범죄자들이 사건에 부여하는) 안에 있다는 추리에서 출발하지 않으면 안 된다. 모든 수사 소설과 추리 소설은 우리에게, 언제나 해결의 문턱까지 가 있었음을 암시한다. 여기에 이르면 내가 쓴 기본적인 이야기(범인은 누구인가?)가 왜 그렇게 여러 갈래(다른 추리 구조를 지닌 이야기, 추리 구조와 상호 관련된 여러 이야기)로 갈라지는지 그 까닭이 분명해진다.

추리의 추상적인 모델은 바로 미궁이다. 미궁에는 세 가지 유형이 있다. 하나는 그리스적 미궁, 즉 테세우스의 미궁이다. 이런 미궁에서는 들어간 사람이 길을 잃지 않는다. 이런 미궁에 들어가면 중심에 이르게 되어 있고, 바로 이 중심에서 곧장 출구로 나가게 되어 있다. 이 중심에 미노타우로스가 있는 까닭이 여기에 있다. 미노타우로스가 그곳에 없으면 소설은 아무 재미도 없다. 괴물이 없고, 죽음의 공포가 없는 미궁 경험은 산책 경험과 다를 것이 없기 때문이다. 미궁이 나오는 소설에서는 독자가 공포를 느껴야 하는데, 이때 공포는, 우리가 어디에 이를지 모른다는 점, 미노타우로스가 무슨 짓을 할지 모른다는 데서 생긴다. 그러나 고전적인 미궁을 해명해 들어가는 독자는, 미궁이라고 하는 데에는 한 실타

샤를 10세의 외동딸, 마리-엘리자베트 부인의 왕실 집기 관리인인 프랑수아 메를랭의 『몇 가지 특이한 점 찾기』를 토대로, 랭스 사람 자크 셀리에가 초상과 미궁을 그렸다. 파리 국립 도서관 소장 필사본 원고에서.

렝스 성당 바닥에 그려진 미로 그림. 팔각형으로 되어 있는 이 미로의 네 모서리에 각각 각루(角樓)인 듯한 작은 팔각형이 있고, 그 안에는 건축가의 직능(職能)을 상징하는 그림이 그려져 있다. 중앙에 있는 인물은, 이 성당의 초석을 놓은 오브리드 엥베르 대주교인 것으로 전해진다. 〈이 미궁은, 아이들이 성무 중에도 거기에 들어가 노는 것을 괘씸하게 여기던 자크마르 수사 신부의 손에 허물어졌다.〉 (『장미의 이름』, 이탈리아어판 표지 날개에서)

〈이 미궁은 이 세상을 상징적으로 나타내고 있는 것……. 들어가는 자에게는 넓지만 나오려는 자에게는 한없이 좁습니다……. 장서관은 거대한 미궁이며, 세계라고 하는 미궁의 기호지. 들어갈 수 있을지는 모르지만 나오는 건 장담 못해요. 헤라클레스의 기둥은 범하는 것이 아닌 법.〉 (『장미의 이름』, 290면)

래, 아리아드네의 실타래가 있다는 사실을 발견한다. 그러므로 고전적인 미궁은, 아리아드네의 실타래가 있는 미궁이다.

그런가 하면 매너리스틱한 미궁도 있다. 이것을 해명해 들어가는 독자들은 자기 손안에 일종의 나무 같은 것(수많은 미로에 해당하는, 뿌리의 구조를 지닌)이 있음을 알게 된다. 출구는 하나뿐이다. 그러나 이 출구에는 도달하지 못할 수도 있다. 여기에서도 길을 잃지 않으려면 아리아드네의 실타래가 필요하다. 이런 미궁은 시행착오 과정의 모델 노릇을 한다.

그리고 이제 마지막으로 그물, 혹은 차라리 들뢰즈와 가타리가 〈리좀〉이라고 부른 것도 있다. 리좀은 구조상, 각각의 모든 줄기는 다른 모든 줄기와 연결되게 되어 있다. 여기에는 중심도 없고, 주변도 없고, 출구도 없다. 이것은 잠재적으로 무한한 것이기 때문이다. 추리의 공간은 리좀의 공간이다. 내 소설에 나오는 장서관의 미궁은 일종의 매너리스틱한 미궁이다. 그러나 윌리엄 자신이 살아 있음을 깨닫게 되는 미궁은 이미 리좀의 구조를 지니고 있다. 말하자면 구축될 수 있는 미궁이기는 하나 결코 명확하게 구축될 수는 없는 미궁인 것이다.

어느 열일곱 살배기 소년이 나에게, 자기는 신학 논쟁을 하나도 못 알아들었는데도 불구하고 그 부분이 공간적인 미궁의 확장된 형태(히치콕의 영화에서 〈서스펜스〉 음악이 그런 것처럼)로 기능하더라고 말한 적이 있다. 나도 그의 말이 옳다고 생각한다. 소박한 독자들도 그 소년이 바로 미궁(공간적인 미궁뿐만이 아니다) 이야기를 하고 있다는 걸 눈치 챌 것이다. 그런데 이상한 것은 가장 소박한 독법이 가장 〈구조적〉인 독법이라는 것이다. 순진한 독자들은, 그 내용을 명상하지 않고도 곁가지 이야기의 본질을 바로 꿰뚫어 버린다.

소설의 재미

나는 독자 여러분도 나만큼은 소설의 재미를 누릴 수 있었으면 했다. 이 점은 대단히 중요한 점인데도 불구하고, 소설에 대하여 우리가 갖는 보다 심각한 생각과 갈등하는 것으로 보인다.

독자는 이러한 문제로부터 해방되는 것이 마땅하다. 『로빈슨 크루소』의 작가는 독자와 닮은 부분이 많은 분별 있는 경제인 *homo oeconomicus*이 행하는 산술과 일상의 삶에 관한 이야기를 하면서 자신의 모델 독자를 즐겁게 해주고 있다. 그러나 로빈슨의 닮은꼴 *semblable* (즉 독자)은 소설에서 자신에 관한 이야기를 읽은 뒤에는, 자신의 삶에 관해 더 많은 것을 이해하고 전혀 다른 사람이 되어야 한다. 어쨌든 이야기가 주는 재미를 누리는 과정을 통해 독자들은 많은 것을 배운다. 독자는 세계에 관해서건 언어에 관해서건 책을 통하여 많은 것을 배워야 한다. 세계와 언어의 차이는 갖가지 이야기의 형태에 따라 다르지만 그 바탕은 마찬가지이다.『피네건의 경야(經夜)』의 이상적인 독자는 결국, 얼 스탠리 가드너의 독자만큼이나, 누리는 방법은 다르겠지만 양적으로는 같은 정도의 재미를 누릴 수 있어야 하는 것이다.

그런데 이 재미라는 개념은 역사적이다. 소설사(小說史)의 각 계절에는 각기 다른, 재미를 누리는 방법과 누리게 하는 방법이 있다. 그런데 현대 소설은, 플롯이 주는 재미를 줄이고 다른 종류의 재미를 늘리려 했기 때문에, 결과적으로 재미가 줄어드는 경향을 보인다. 아리스토텔레스의 『시학』의 열렬한 숭배자로서 나는 늘, 어떻게 되었건 간에, 소설이라고 하는 것은 모름지기 그 플롯을 통하여 독자들에게 재미를 누릴 수 있게 해야 하는 것이라고 믿는다.

소설이 재미있을 경우 대중의 사랑을 받는 것은 당연하다. 그런데 언제부터인가, 이 대중의 사랑이라고 하는 것이 좋지 않은 표지가 되어 왔다. 그 소설에 관한 대중의 인기를 얻는다는 것은, 그 소설이 새로운 것을 얘기하는 대신 대중이 원하는 것만 안겨 주는 소설이라는 식으로 인식되어 왔다는 것이다.

그러나 내가 믿기로, 〈소설이 독자에게, 독자가 바라

던 것을 줄 수 있다면 그 소설은 인기가 있다〉는 말과, 〈소설이 인기가 있다는 것은, 독자에게, 독자가 바라고 있는 것만 주었기 때문이다〉라는 말은 다르다. 두 번째 진술이 항상 들어맞는 것은 아니다. 디포나 발자크 같은 소설가, 최근 작품으로는 『양철 북』이나 『백 년 동안의 고독』만 떠올려 보아도 자명해진다.

〈인기＝가치 없음〉이라는 등식은, 이탈리아의 〈63 그룹〉에 속하는, 나를 위시한 작가들의 호전적인 태도로부터 지지를 받았다고 할 수 있다. 1963년 이전에도 상업적인 성공을 거둔 소설은 현실 도피 소설로, 현실 도피 소설은 플롯 소설과 동일시되면서, 수많은 논쟁의 불씨가 되고, 다수의 독자들로부터 외면당하는 실험 소설이 대접을 받는 경향이 있었다. 〈63 그룹〉에서도 이런 것들이 논의되었는데, 이런 것들이 논의되는 데는 그 나름의 이유가 있었다. 점잖은 독자들에게 충격을 준 말들이 있었고 이 말들을 신문 기자들은 결코 잊지 못한다. 그도 그럴 것이, 발언자들은 정확히 그런 효과를 노리고 그와 같은 발언을 한 것이기 때문이다. 그 자리에서 우리는 기본적으로 현실 도피적인 구조로 되어 있는 전통 소설, 19세기 소설에서 논의되던 문제에 대한 혁신적인 접근에는 하등의 관심이 없는 전통 소설 이야기를 하고 있었다. 당연히 파벌이 갈리고, 당파적 논쟁이 보통 그러하듯 좋은 것 나쁜 것이 한 덩어리로 취급되기도 했다. 내가 기억하기로 당시 우리의 공격 대상은 람페두사Lampedusa와 바사니Bassani와 카솔라Cassola였다. 개인적으로 내가 오늘날 이들을 다시 평가한다면 각기 미묘한 차이를 두고 싶다. 람페두사는 상당히 좋은 시대 착오적 소설을 쓴 사람인데, 우리가 공격한 것은 람페두사의 소설이, 이탈리아 문학의 새로운 길을 닦은 문학이라고, 그러면서도 구시대 소설의 영광스러운 결론에 해당한다고 주장한 사람들이었다. 카솔라에 대한 나의 의견은 조금도 변함이 없다. 그러나 바사니의 경우, 나는 지금 굉장히 조심스럽다. 1963년으로 되돌아갈 수 있다면 나는 그를 같은 길을 걷는 길벗으로 맞을 수 있을 것이다. 그러나 내가 여기에서 논의하고자 하는 문제는 그런 것이 아니다.

1965년 63 그룹이 팔레르모에서 두 번째로 회합을 갖고, 실험 소설을 논의하던 때 있었던 일을 기억하는 사람은 많지 않다(그렇지만 그 회합의 기록은 『실험 소설 Il romanzo sperimentale』이라는 표제로 펠트리넬리 출판사에서 출간되어 여전히 절판되지 않고 팔리고 있다 ― 표지에는 1965년으로, 판권에는 1966년으로 찍힌 채). 요컨대 토론 과정에서는 아주 흥미로운 문제들이 제기되었다. 먼저 발제에서 누보로망의 모든 실험적 요소들의 이론가인 레나토 바릴리Renato Barilli는 로

브그리예Robbe-Grillet, 그라스Grass, 핀천Pynchon이 지니는 실험적 요소를 정의해야 했다(여기에는 잊지 말아야 하는 것은 핀천이 오늘날에는 포스트모더니즘의 발명가인 것처럼 인식되고 있지만, 당시 — 적어도 이탈리아에는 — 〈포스트모더니즘〉이라는 말이 없었다는 점이다. 미국에서는 존 바스John Barth가 여기에 겨우 눈을 돌리기 시작하던 무렵이었다). 바릴리는, 쥘 베른의 신봉자였던 루셀을 언급하면서도 보르헤스는 언급하지 않았다. 보르헤스의 재발견은 그 뒤의 일이기 때문이다. 그때 바릴리는 무슨 말을 했던가? 그는 당시까지도 소설가들을 지배하던, 극단적인 형태의 〈유물론적 엑스터시〉의 순수한 드러남에 집착하는 바람에(폴록과 뒤뷔페와 포트리에의 그림에서 그렇듯이, 〈한 줌의 흙으로 천국을 보여 주겠다〉고 주장하는 식의) 플롯과 사건action이 무시되는 경향에 관해 언급했다. 그러나 지금은 내러티브의 새로운 국면이 시작되고 있다. 사건은, 비록 〈다른autre〉 사건으로서이기는 하지만, 다시금 나타나도 좋은 것이 된 것이다.

우리는 전날 밤에 바루켈로Baruchello와 그리피Grifi가, 이야기의 파편을 모아 짠 이야기, 혹은 광고 영화의 상투적인 장면들을 모아 만든 「불확실한 증명Verifica incerta」이라고 불리는 재미있는 콜라주 영화를 보았는

데, 나는 당시 그 영화에서 받은 인상을 분석하고 있다가, 이런 요지로 내 의견을 피력했다. 〈……청중이 재미를 느끼면서 반응하는 대목은, 몇 년 전까지만 하더라도 충격과 감정적인 동요를 느끼면서 반응하던 대목이었다. 말하자면, 전통적인 사건이 지니는 논리적, 현실적 반응이 생략되면서 대중의 기대가 반전되는 대목이었던 것이다. 그러나 우리 시대에 들어 아방가르드는 이미 전통이 되어 가고 있다. 몇 년 전까지만 하더라도 불협화음으로 인식되던 것들이 우리 시대 사람들의 귀에는 아름다운 음향(혹은 눈에는 아름다운 이미지)이 되어 가고 있는 것이다. 이런 의미에서 결론은 자명해진다. 메시지의 수용 불가능성은, 수용 불가능성 자체가 이미 재미로 받아들여지고 있는 상황에서는, 더 이상 실험 소설(다른 예술 장르의 실험성의 경우도 마찬가지지만)의 중요한 평가 기준이 될 수 없다……. 미래주의자들이 자신의 강령을 발표할 당시에는 수용 불가능성이 관객 혹은 독자들로 하여금 야유를 퍼붓는 데 없어서는 안 될 요소였지만, 오늘날에는 수용 불가능성이 더 이상 그런 능력을 갖고 있지 못하다. 실험적인 요소들이 예삿일로 받아들여지는 현상을 실험주의의 실패라고 보는 논객이야말로 얼마나 어리석은가. 이거야말로 초기 아방가르드의 낡아 빠진 유토피아로의 회귀가 아니고 무엇인가? 우리는, 수용자의 입장에서 본 메시지의 수용 불가능성은 특정의 역사적 시점에서만 작품 가치의 보증이 될 수 있다고 주장한다……. 나는, 공공연히 드러나지는 않았지만 우리의 토론을 지배해 온 견해, 즉 어떤 작품이 야기하는 외적인 스캔들이 바로 그 작품의 가치를 보증하는 것이 될 수 있다는 견해를 아마도 포기해야 하지 않을까 생각한다. 질서 대 혼란, 대량 소비적인 작품 대 문제 제기적 작품이라는 이분법이 일면 타당하더라도 다른 관점에서 재고되어야 할 것이다. 다른 말로 하자면 이렇다. 나는, 표면적으로는 대량 소비를 겨냥한 작품인데도 불구하고 혁명과 논쟁의 요소를 지닌 작품이 얼마든지 있을 수 있고, 반대로 겉으로 보면 상당히 도전적이고 독자를 분개하게 만드는 작품 중에도 실제로는 어떤 의의를 제기하는 역할도 못하는 작품이 있다고 믿는다……. 최근에 나는, 어떤 작품을 너무 좋아하는 바람에 그 작품을 대단히 의심스럽게 만들고 만 사람을 만난 적이 있다…….〉 대개 이런 내용이었다.

1965년. 바야흐로 팝 아트가 태동하고 실험적인 비구상(非具象) 미술과 대중 예술, 담화와 표상의 전통적인 구별이 사라지고 있던 시대였다. 푸쇠르Pousseur가 나에게 비틀스에 관해 언급하면서, 〈그들은 우리를 위해서 일한다〉고 말한 때가 바로 그 당시였다. 그러나 그는 자기 역시 비틀스를 위해 일하고 있다는 사실은 깨닫지 못하는 것 같았다(비틀스를 헨리 퍼셀과 연결시킬 수 있고, 몬테베르디 및 사티의 곡들과 나란히 공연할 수 있음을 우리가 깨닫게 되기까지는 캐시 버베리언의 선구적인 작업을 기다려야 했다).

포스트모더니즘, 반어, 재미

 1965년에서부터 오늘에 이르기까지 두 가지 점이 분명해졌다. 플롯은 다른 플롯의 인용이라는 형태로 존재할 수 있다는 점, 인용 자체는 인용된 플롯에 견주어 덜 현실 도피적일 수도 있다는 점이 그것이다. 1972년에 나는, 『봄피아니 연감 Almanacco Bompiani』을 편집하면서 〈플롯의 귀환〉을 축하한 바 있다. 비록 이 플롯의 귀환이 퐁송 뒤 테라유와 외젠 쉬에 대한 (약간의 찬미가 가미된) 반어적 재평가, 알렉상드르 뒤마의 몇몇 위대한 대목에 대한 (반어적인 요소가 없는) 찬미의 과정을 거쳐서 이루어지기는 했지만. 당시 당면한 문제는, 현실 도피적이지 않으면서도 재미있는 소설이 존재할 수 있느냐는 것이었다.

 현실 도피와 재미의 관계 및 재미(플롯은 물론이고)의 재발견은 미국의 포스트모더니즘 이론가들에 의해

후에 이루어지게 된다.

불행히도 〈포스트모던〉이라는 말은, 전가의 보도 같은 술어이다. 나는 사용자가 편리할 대로 쓰는 바람에 이 용어가 아무 데나 쓰인다는 인상을 받았다. 심지어 이 용어를 소급해서 사용하고자 하는 기도가 보이기도 한다. 처음에 이 용어는 20세기 후반의 작가나 화가들에게나 해당되었다. 그런데 시간이 지나면서 20세기 초의 작가나 화가들에게도 적용되더니 여기에서 더 소급되는 경향을 보인다. 이러한 소급 현상은 날이 갈수록 두드러지는 것으로 보아 머지않아 포스트모던의 범주에 호메로스까지 포함될지도 모른다.

나는 포스트모더니즘이 연대적으로 정의될 수 있는 어떤 경향이라기보다는 이상적인 범주, 더 정확히 말하면 예술 의지 *Kunstwollen*, 즉 표현의 방법이라고 믿는다. 따라서 모든 시대에는 그 시대의 매너리즘이 있을 수 있듯이 그 시대의 포스트모더니즘도 있을 수 있다(나는 포스트모더니즘이 초역사적 범주로서 매너리즘의 현대적인 이름이 아닐까 하는 생각을 자주 하고는 한다). 니체는 『반시대적 고찰』에서 역사 연구의 폐해를 지적한 적이 있는데, 나는 어떤 시대에든 이러한(포스트모더니즘이나 매너리즘으로 표현되는) 위기의 순간이 있을 수 있다고 믿는다. 과거는 우리를 조건 짓고, 우리를 공

라벤나에 있는 산 비탈레 교회 모자이크에 그려진 테오도라 왕녀와 시녀들(16세기 중엽).

〈수도원장이 경쾌하게 손뼉을 치자 처녀들 무리가 줄을 지어 들어왔다. 화사한 옷으로 단장한, 참으로 눈부신 처녀들의 행렬이었다. 그중의 한 처녀를 보고 나는 혹 내 어머니인지도 모른다는 생각을 했다. 그러나 착각이었다. 여자는 분명히, 《엄위하기가 기치 창검을 거느린 군대》 같던 저 무서운 처녀였다. 처녀는 하얀 진주 왕관을 쓰고, 얼굴 양옆으로는 두 개의 술 장식과 진주 사슬을 늘어뜨리고 있었는데 끝에 오얏만한 금강석이 달린 이 진주 사슬은 두 줄로 된 다른 장식과 젖가슴 위에서 만나고 있었다.〉(『장미의 이름』, 764면)

격하고, 우리를 협박한다. 역사적인 아방가르드(나는 여기서 아방가르드를 초역사적인 범주로 보고 있다)는 과거를 청산하려고 한다. 미래주의자들의 슬로건인 〈달빛은 이제 그만〉은, 모든 아방가르드의 전형적인 표어이다. 세월이 바뀌면 〈달빛〉에 다른 적당한 명사를 넣기만 하면 된다. 아방가르드는 과거를 파괴하고, 과거의 외관을 손상시킨다. 「아비뇽의 처녀들」은 전형적인 아방가르드의 행위이다. 아방가르드는 여기에서 한 걸음 더 나아가 미술에서는 형태를 파괴하고, 형태를 거부하다가 마침내 추상에, 앵포르멜에, 백지 캔버스에, 난도질된 캔버스에, 숯덩이가 된 캔버스에 이르게 되고, 건축과 시각 예술에서는 커튼월(非耐壁), 묘석 같은 건물, 순수한 파이프의 구조물, 미니멀 예술에 이르게 되며, 문학에서는 담화의 흐름의 파괴, 버로스류(類)의 콜라주, 침묵, 백지가 되고, 음악에서는 무조성(無調聲)에서 소음, 소음에서 절대적인 침묵으로 가는 이행이 완성된다(이런 의미에서 존 케이지의 초기 활동은 모던하다고 할 수 있다).

그러나 이윽고 아방가르드(모던한 것)는 막다른 골목에 이르게 된다. 왜? 이 과정에서 산출된 메타언어가 언급해야 할 대상이, 사실 불가능한 텍스트(관념 예술)이기 때문이다. 근대에 대한 포스트모던의 대답은, 과거에 대한 인정, 즉 과거로 돌아가야 한다는 사실의 인정으로

포스트모더니즘, 반어, 재미

이루어진다. 왜? 과거의 파괴는 곧 완전한 침묵으로 이어지는 것이기 때문이고, 과거의 파괴라고 하는 것이 사실상 불가능하기 때문이다. 나는 포스트모던의 자세를, 아주 교양 있는 여성을 사랑하고 있으며 〈당신을 미치도록 사랑한다〉는 말을 할 수 없다는 것을 잘 알고 있는 어느 남성의 태도에 견주고는 한다. 이 남성이 그렇게 말할 수 없는 까닭은 그 여성이 이미, 이러한 표현이 바브라 커틀랜드에 의해 사용되었다는 사실을 알고 있다는 것을 남성 또한 알고 있기 때문이다. 그러나 해결책이 없는 것은 아니다. 남성은 〈바브라 커틀랜드의 말마따나, 나는 당신을 미치도록 사랑합니다〉 하고 말하면 되는 것이다. 그런데 이 대목에서, 가짜 직언을 피하고, 직언으로는 도저히 말할 수 없는 것을 분명하게 언표했기 때문에, 그 남성은 여성에게, 〈나는 당신을 사랑한다. 그러나 이러한 직언이 사라진 시대의 한 남성으로서 당신을 사랑한다〉는 자기의 속마음을 제대로 전달한 셈이다. 만일 이 말을 알아듣는다면, 여성은 어쨌든 사랑의 고백을 받기는 받은 모양이라고 생각할 것이다. 이 경우 두 화자 중 어느 누구도 자기가 직접적으로 말했다고는 생각하지 않는다. 그런데도 두 사람은 과거의 도전, 이미 말해진 것, 따라서 다시는 주워 담을 수 없는 것으로부터의 도전을 받아들인다. 그러면서도 둘 다 의식적으로,

재미까지 누리면서 반어 놀이를 즐긴다……. 그런데도 이 둘은 사랑의 고백을 주고받는 데 성공을 거둔다.

　반어, 메타 언어적 놀이, 언명이 조화된 셈이다. 모던의 경우, 이 놀이를 이해하지 못하는 사람은 이것을 거부한다. 그러나 포스트모던의 경우에는 놀이를 이해하지 못하면서도 그것을 심각하게 받아들이는 것이 얼마든지 가능하다. 나는 피카소, 후안 그리스, 그리고 브라크의 콜라주는 모던한데, 보통 사람들이 이것을 받아들이려 하지 않는 것도 바로 이 때문이라고 생각한다. 한편, 19세기의 판화적 요소를 한 화면에다 짜 맞춘 막스 에른스트는 포스트모던하다고 생각한다. 이 판화 요소들은 환상적인 이야기, 혹은 꿈 이야기로 읽힐 수 있는 것들이다. 사람들은 판화의 속성이 어떠니, 콜라주의 속성이 어떠니 하는 입씨름을 거치지 않고도 그 의미를 읽을 수 있는 것이다. 만일에 〈포스트모던〉의 의미가 이런 것이라면, 로렌스 스턴과 라블레가 왜 포스트모던인지, 보르헤스가 왜 명백한 포스트모던인지, 왜 같은 예술가 안에서 모던한 순간과 포스트모던한 순간이 공존, 혹은 번차례로 드나들면서, 혹은 서로 밀접하게 꼬리를 물고 돌 수 있는지 그 이유는 자명해진다. 제임스 조이스를 보자. 『젊은 예술가의 초상』은 모던 지향의 기도(企圖)가 반영된 작품이다. 이보다 먼저 쓰인 것이기는 해도

『더블린 사람들』은 『젊은 예술가의 초상』보다 더 모던하다. 『율리시스』는 그 경계에 있다. 『피네건의 경야』는 벌써 포스트모던이다. 혹은 적어도 포스트모던한 담화가 입문 의례를 치르는 작품이다. 이 작품은 독자의 이해를 획득하기 위해서 반어적 재고(再考)를 요구한다. 이미 쓰인 것에 대한 부정을 요구하는 것이 아니다.

포스트모던이라는 주제에 관해서는 처음부터(1967년 발표된 존 바스의 『고갈의 문학』 같은 에세이에서부터), 검토되어야 할 것은 모두 검토되었다. 나는 포스트모더니즘 이론가들(존 바스를 위시해서)이 작가와 예술가들에 대해서, 누구는 포스트모던하고, 누구는 거기에 이르지 못했다는 식으로 내리는 평가에 전혀 동의하지 않는다. 그러나 이러한 경향의 이론가들이 그들의 전제에서 이끌어 내는 정리(定理)에는 관심이 많다. 가령 다음과 같은 글을 보자. 〈내가 이상적인 포스트모더니스트로 여기는 작가들은 20세기 모더니스트 부모들이나 19세기의 프리〔前〕모더니스트 조부모와의 인연을 끊지도, 무조건 모방하지도 않는 사람들이다. 이런 작가들의 허리띠에는 금세기의 전반부가 걸려 있다(이들의 등에 등짐으로 지워져 있는 것이 아니다). 이들은 제임스 미치너와 어빙 월리스의 신봉자들〔매스 미디어가 만들어 내는, 뇌엽(腦葉)이 절제된 듯한 무식꾼들 이야기는 하지 않기로 한다고 하더라도]에게 다가갈 생각도, 그들을 거기에서 이끌어 낼 생각도 하지 않는다. 그러나 이따금이나마 토마스 만이 초기 기독교도들이라고 부른 동아리(높은 예술성에 대한 직업적인 신봉자들) 바깥에 있는 사람들에게도 다가갈 수 있다는 희망, 그들을 즐겁게 해줄 수 있다는 희망 정도는 있어야 한다⋯⋯. 이상적인 포스트모던 소설은, 사실주의와 비사실주의, 형식주의와 내용주의, 순수 문학과 절충 문학, 동인(同人) 소설과 쓰레기 소설 사이의 논쟁에서 솟아난다. 이것은 좋은 재즈 혹은 고전 음악을 듣는 것과 비슷하다. 처음 들어서는 잘 들리지 않는 곡을 계속 끊임없이 듣거나 악보를 자세히 검토하면 많은 것을 얻을 수 있다. 그렇지만 첫번째 들을 때조차 (꼭 전문가가 아닌 사람들에게도) 매혹적일 필요가 있다. 두 번째 들을 때 기쁨을 주는 것들은 그런 곡들이다.〉

이것은 존 바스가 1980년 문제의 논의를 재개하면서 이번에는 「보충의 문학: 포스트모던 소설」[14]이라는 제목으로 쓴 글의 일절이다. 당연한 일이지만 이 주제는 약간의 역설적인 의미가 곁들여지면서 논의가 재개될 수 있는데, 이것을 바로 레슬리 피들러가 했다. 1980년 「살마군

---

14 이 두 에세이는 *The Literature of Exhaustion*(Northridge, Calif.: Lord John Press, 1982)에 재수록되었다 — 원주.

디 Salmagundi」(50~51호)는 레슬리 피들러와 다른 미국 작가들 사이에서 벌어진 논쟁의 결과를 출판했다. 분명히 피들러는 사람들을 놀라게 해주려고 작심하고 나온 듯하다. 그는 『모히칸 족의 최후』와, 모험 소설과 고딕 소설과 평론가들로부터 백안시당하는 이른바 소모품 같은 상업 소설을 찬양하면서 이런 소설도 신화를 창조할 수 있는 것은 물론, 한 세대 이상의 상상력을 사로잡을 수 있다고 주장했다. 그 자리에서 그는, 주방에서건, 거실에서건, 유치원에서건 같은 정도의 집중력을 야기하는 『엉클 톰스 캐빈』 같은 소설이 다시 나올 수 있을 것 같지 않다고 개탄했다. 그는 셰익스피어까지도, 『바람과 함께 사라지다』의 작가를 위시한 재미를 주는 법을 아는 작가군에 포함시킨다. 그러나 그는 이 말을 자기가 그대로 믿기에는 너무 날카로운 비평가이다. 따라서 그는 단순히 예술과 재미 사이에 쳐진 장벽을 허물고자 한 것에 지나지 않는지도 모른다. 그는, 오늘날 많은 대중에게 접근하고 그들의 꿈을 사로잡는다는 것이 곧 아방가르드가 되는 것이라고 보는 듯하다. 그는 독자의 꿈을 사로잡는 것이 곧 현실 도피를 부추기는 것은 아니라는 발언을 우리가 하게 하려는 듯하다. 독자의 꿈을 사로잡는다는 것은 독자의 머리에서 떠나지 않는다는 것을 의미하는 것이기도 할 것이다.

역사 소설

지난 두 해 동안 나는 〈당신의 소설은 열린 작품이냐, 아니냐〉는 질문을 무수히 받아 왔는데, 나는 이런 질문에 대답하지 않는다는 방침을 세우고 있다. 그걸 내가 어떻게 아는가? 그건 독자가 관심을 둘 일이지 내가 알 바 아니다. 때로는, 〈당신은 등장인물 중 누구를 당신 자신과 동일시하느냐〉는 질문도 받는다. 맙소사. 작가가 자기를 누구와 동일시한다고? 그것도 두드러지게 말이다.

한심한 질문 중에서도 가장 한심했던 질문은, 과거에 관해서 쓰는 것은 현재를 피하고자 함이 아니냐는 질문이다. 〈사실인가요?〉 그들은 묻는다. 물론 그럴 것이라고 대답해 보련다. 그러므로 만초니가 17세기에 관해서 썼다고 하는 것은 그가 19세기에 관심이 없었다는 뜻이고, 셰익스피어가 중세의 주제를 다시 쓴 것은 자기 시대에는 관심이 없었기 때문이지만, 『러브 스토리』는 동시대에 단단히 뿌리박고 있는 작품이며, 『파름의 수도원』은 스탕달의 시대에서 25년이나 지난 다음의 사건만을 다루고 있는 것이라고……. 그런데 우리가 지금도 체감하고 있는 유럽의 모든 문제(공동체적 민주주의, 금융경제, 지방 분권, 도시 생활, 신기술, 빈민의 저항 등등의)가 중세에 그 꼴을 갖추었다는 말을 굳이 할 필요가 있는 것인가? 중세는, 우리가 추억 때문에도 끊임없이 되돌아가야 하는 우리의 어린 시절이다. 그러나 중세 중에는 『엑스칼리버』류의 중세도 있다. 따라서 문제는 다른 데 있고 어물쩍 넘어갈 수는 없다. 역사 소설을 쓴다는 것은 무슨 뜻인가? 나는, 과거를 기술하는 데엔 세 가지 방법이 있다고 믿는다. 그중 하나는 〈로망스romance〉이다. 아서 왕의 전설담Breton cycle에서 톨킨에 이르기까지가 다 이 범주에 든다. 고딕 소설도 여기에 포함되는데, 사실 고딕 소설은 소설이 아니라 로망스이다. 배경으로서, 구실로서, 동화 구조로서의 과거는 독자의 상상력을 자극한다. 이런 의미에서 로망스는 반드시 과거를 무대로 할 필요는 없다. 중요한 것은 〈지금, 여기〉에서 일어나지 않은 사건이면 된다는 것이다. 〈지금, 여기〉는 알레고리를 통해서도 언급되어서는 안 된다. 상당수의 공상 과학 소설은 순수한 로망스이다. 로망스는 〈다른 곳〉의 이야기이다.

당연히 뒤마류의, 망토와 칼이 등장하는 모험 소설이 문제가 된다. 이런 종류의 소설은 〈실재〉의, 우리가 인지할 수 있는 과거를 그 무대로 선택한다. 그리고 독자들에게 그 무대를 인지시키기 위해 작가는 백과사전에 나와 있는 인물(리슐리외, 마자랭)을 그 작중 인물로 배치하고는, 백과사전에는 나오지 않는 행동을 하게 한다(가령 『삼총사』의 주인공이 밀라디를 만난다거나 보나시외를 대동한다거나 하는). 그러나 작중 인물들의 이런 행위가 백과사전에 기록된 역사와 모순되는 것은 아니다. 당연한 일이지만, 역사 소설의 작중 인물들은 현실과 허구의 조화를 강화하기 위해서 역사에 기록된 바 그대로 행동하기도 한다(라로셸을 포위하고, 안 왕비와 내연의 관계를 맺고, 프롱드의 난을 진압하는 등등). 바로 이 (〈실재의〉) 이야기에 가공적인 인물(이 인물은 어떤 시대에 배경으로 등장하든 비슷한 행동을 보인다)이 등장한다. 다르타냥이 영국으로 건너가 왕비의 보석을 되찾아 오는 행위만 예로 들어 보아도 명백해진다. 다르타냥은 활동 무대가 15세기가 되었든 18세기가 되었든 똑같은 일을 할 수 있는 성격으로 그려져 있다. 다르타냥의 심리학이 제대로 기능하는 데 반드시 무대가 17세기일 필요는 없는 것이다.

그런데 역사 소설의 경우, 등장인물이 백과사전에 등장하는, 즉 우리가 알 만한 인물일 필요는 없다. 가령 만초니의 『약혼자』를 예로 들어 보자. 이 소설의 등장인물 가운데 가장 잘 알려진 실제 인물은 페데리고 추기경이다. 이 사람은, 만초니가 만나고 소설에 등장시키기까지는 불과 몇 사람에게만 그 이름이 알려진 인물이었다(페데리고 주교에 견주면 카를로 성인이 오히려 사람들에게 널리 알려져 있었다). 그러나 렌초, 루치아, 혹은 크리스토포로 수도사가 할 수 있었던 일은 17세기의 롬바르디아에서만 가능했다. 우리는 이로써 등장인물의 행위, 등장인물의 주변에서 일어난 일들이 바로 역사가 된다는 것을 알 수 있다. 사건과 등장인물은 만들어지는데도 불구하고 이러한 것들은, 역사책이 분명하게 보여 주지 못하는 그 시대의 이탈리아를 우리에게 선명하게 보여 준다.

이런 의미에서 나는 역사 소설을 쓰고자 했다. 우베르티노와 미켈레가 역사적으로 실재한 인물이고, 작품 속에서 그들이 하는 말이 역사와 거의 일치하기 때문에 내가 역사 소설을 쓰고자 했던 것이 아니다. 윌리엄 같은 가공 인물이 하는 말은 그런 시대를 배경으로 해야만 마땅했기 때문에 그랬던 것이다.

내가 이러한 목적에 얼마나 충실했는지는 나도 잘 모르겠다. 내가 비록 후대 저자들(가령 비트겐슈타인 같은)의 말을 슬쩍 끌어 와 그 시대 사람의 말인 양 인용하고는 했지만 그렇다고 이런 목적을 도외시했다고는 보지 않는다. 나는 이런 인용의 주체를 내세울 때마다, 등장인물이 대단히 현대적인 중세인이 아니라, 중세적인 사고 방식을 가진 현대인이라는 것을 잘 알고 있었다. 나는 오히려 가공 인물들에게 전적으로 중세적인 사고 체계의 단편을 모아, 중세인들도 자기네 것으로 알아보지 못할 정도로 정교한 개념을 만들어 내는 능력을 부여한 것이 아닐까 자문하고는 한다. 그러나 나는 역사 소설도 마땅히 이런 일을 해야 한다고 믿는다. 과거를 장차 올 것의 원인으로만 파악할 것이 아니라, 이러한 원인이 결과를 지어내는 과정도 추적해 볼 수 있어야 하는 것이다.

만일 나의 등장인물이 두 가지의 중세적 관념 체계에 견주어 보다 현대적인 세 번째의 관념 체계를 형성하고 있다면, 그는 문화가 한 일을 그대로 하고 있는 셈이다. 만일 그렇게 헌신적인 사람의 발언을 써낸 작가가 없었다면, 산만하게나마 생각이라도 해봐야 한다(공포와 이로써 당할 치욕이 두려워 말은 못한다고 해도)는 것이 나의 생각이다.

어쨌든 이 책의 출판과 관련해서 내게 참으로 고소한 즐거움을 느끼게 해준 것이 있다. 이따금 독자나 비평가들이 나의 등장인물이 지나치게 현대적인 말을 하고 있다고 지적하곤 했는데, 실상 그 부분들은 — 그리고 오직 그런 부분들만이 — 내가 14세기의 텍스트를 인용한 부분들이었던 것이다.

물론 독자들은 참으로 탁월한 중세적 감각으로 그려진 대목이라고 하는데도 불구하고, 내가 보기엔 타당하지 못하게 현대적인 대목도 있다. 중요한 것은, 중세에 관한 한, 모두가 나름의 생각을, 대부분은 와전된 생각을 가지고 있다는 것이다. 오로지 우리, 즉 그 시대의 수도자(修道者)들만 진실을 알고 있다. 그러나 그것을 언표하면 화형대에 걸릴지도 모르는, 대단히 위험한 진실이다.

결말

나는 대학생이던 즈음의 1953년의 노트를, 이『장미의 이름』을 쓴 지 2년 뒤에 발견했다.

호레이쇼와 그의 친구는 유령의 문제를 풀기 위해 P 백작을 부른다. P 백작은, 괴팍하고 무기력한 신사. 이 P 백작에 맞서는, FBI의 정신을 지닌 덴마크의 직업 경호대의 젊은 장교. 이야기의 줄거리는 전형적인 비극의 구조를 따른다. 가족들을 모두 모아 놓고 수수께끼를 해명하는 P 백작. 살인범은 햄릿이다. 그러나 햄릿은 죽고 없다.

몇 년 뒤 나는 체스터턴이 어디에선가 이런 줄거리를 암시한 것을 본 적이 있다. 파리의 울리포 그룹[15]이 최근에, 가능한 살인 소설의 경우를 모두 입력하고 소설의 새 가능성을 모색하는 과정에서, 독자를 범인으로 삼는 책은 여전히 가능하다는 사실을 발견했다고 한다.

결론. 책을 쓰는 데는, 결코 개인적인 것일 수 없는 강박적인 생각이 따라붙는다. 그것은, 책이라고 하는 것은 스스로 말하는 것이라는 생각이고, 결국 범인을 캐고 들어가면 우리 모두가 유죄라고 하는 생각이다.

---

15 Oulipo. 수학적인 집합을 이용한 문학 작품의 가능성을 검토하기 위해, 크노Queneau, 르 리요네Le Lyonnais, 페렉Perec 등이 조직한 〈Ouvroir de Littérature Potentielle(잠재 문학 공동 작업실)〉의 머리글자 — 원주.

「요한의 묵시록」(10:8~11)의 삽화. 요한이 천사로부터 책을 받아 씹어 삼키고 있다. 흡사 만화와 같은 이 그림에 따르면, 책은 처음에는 〈꿀같이 달지만〉, 곧 그에게 심한 복통을 안긴다. 삽화가 곁들여진 엘리너 여왕의 원고. 1240년경 작품. 케임브리지의 트리니티 칼리지 도서관 소장.

〈그대는 지금 일곱 번째 나팔소리를 기다리고 있을 테지? 저 소리가 들리지 않느냐?《그 일곱 천둥이 말한 것을 비밀에 붙여 두고 기록하지 말아라. 그것을 받아 삼켜 버려라……. 이것이 네 입에는 꿀같이 달 것이나 배에 들어가면 배를 아프게 할 것이다!》들었느냐? 내가 곧 무덤이 될 터이다. 그 비밀을 나는 나의 무덤에다 봉인하리라!》(『장미의 이름』, 853면)

이 책에 언급된 사람들

가드너 Gardner, Erle Stanley(1889~1970) 미국의 탐정 소설가. 자신의 변호사 경험을 토대로 주로 변호사 탐정 페리 메이슨이 등장하는 백여 권의 소설을 썼다.

구에라치 Guerrazzi, Francesco Domenico(1804~1873) 이탈리아의 애국자, 소설가. 공화주의자이자 민족주의자로서, 통일 운동 과정에서 수차례 투옥되기도 했다. 그의 낭만적 역사 소설들은 애국심을 고취하는 데 주된 목적이 있다.

그리노 Greenough, Horatio(1805~1852) 미국의 신고전주의 조각가. 다수의 예술론을 남겼다.

그리스 Gris, Juan(1887~1927) 스페인 출신의 화가. 피카소와 함께 큐비즘의 대표자 중 한 사람.

다첼리오 d'Azeglio, Massimo Taparelli(1798~1866) 이탈리아의 정치가, 작가, 화가. 정치색 있는 소설들을 썼으나 잊혀지고 이탈리아 통일 운동에 활약한 정치가로 기억되고 있다.

뒤뷔페 Dubuffet, Jean(1901~1985) 프랑스의 조각가, 화가.

라마르틴 Lamartine, Alphonse de(1790~1869) 프랑스의 낭만주의 시인.

람페두사 Lampedusa, Giuseppe Tomasi(1896~1957) 이탈리아의 소설가. 그의 유일한 소설 『표범』(1958)은 출판사들의 거절로 사후에야 출간되었다. 출간된 후 열광적인 반응을 얻었으나, 문단으로부터는 냉대를 받았고, 정당한 평가는 수십 년이 지난 뒤에야 이루어졌다.

루셀 Roussel, Raymond(1877~1933) 프랑스의 작가. 몽환적인 이미지를 정교한 산문으로 그려내는 것이 특징. 생전에 거의 알려지지 않았으나 뒷날 초현실주의와 누보로망의 선구자로 재발견되었다.

만초니 Manzoni, Alessandro(1785~1873) 이탈리아의 시인, 작가. 그의 대표작 『약혼자』(1840~1842)는 17세기를 배경으로 농민 계층의 두 연인이 온갖 사회적인 방해에 굴하지 않고 사랑을 성취하려 노력하는 이야기로, 근대 이탈리아 어의 확립과 이탈리아 통일 운동에도 중요한 영향을 미친 작품이다.

미치너 Michener, James(1907~1997) 미국의 소설가. 퓰리처상을 받은 『남태평양 이야기』(1947) 등 대중의 사랑을 받은 많은 작품을 남겼다.

바사니 Bassani, Giorgio(1916~2000) 이탈리아의 시인, 소설가. 『핀치-콘티니 가(家)의 정원』(1962) 등 파시즘 치하에서 이탈리아 유대인들의 수난을 그린 작품이 많다.

바사리 Vasari, Giorgio(1511~1574) 이탈리아의 매너리즘 화가, 조각가. 그가 남긴 르네상스 미술가 열전은 당시 미술에 대한 가장 중요한 사료 중 하나이다.

바스 Barth, John(1930~) 미국의 소설가. 독창적인 형식 실험과 허무주의적인 작풍이 특징. 『여로의 끝』(1958), 『키메라』(1972) 등의 작품이 있다.

버로스Burroughs, William(1914~1997) 미국의 소설가. 비트 세대의 한 사람으로서 자신의 마약 중독과 동성애, 초현실적인 소재가 뒤섞인 작품들을 남겼다. 『네이키드 런치』(1962) 등의 작품이 있다.

버베리언Berberian, Cathy(1925~1983) 미국의 메조소프라노 가수. 작곡가 루치아노 베리오의 아내. 많은 현대 음악을 초연했으며, 몬테베르디와 비틀스의 곡을 함께 넣은 독창회 프로그램은 센세이션을 일으켰다.

베르나르Bernard de Clairvaux(1090~1153) 프랑스의 수도사, 신비주의자. 클레르보 수도원의 창립자이며 당대 교회에 가장 큰 영향력을 발휘한 인물. 그의 가르침이 꿀처럼 달다고 해서 *doctor mellifluus*라고 불렸으며 성인으로 추대됐다.

베르나르(모를레 사람)Bernard de Morlay(Morlaix)(12세기경) 시인, 수도사. Bernard de Cluny라고도 한다. 『속세의 능멸에 관하여』는 1140년경에 쓰인 그의 주저(主著)로, 지상에서의 행복에 대한 추구를 경멸하는 신플라톤주의적 작품이다.

비용Villon, François(1431~1463) 프랑스의 위대한 서정 시인. 범죄 행각으로 인해 많은 시간을 감옥에서 보냈다.

쉬Sue, Eugène(1804~1857) 프랑스의 소설가. 『레 미제라블』에도 영향을 준 대표작 『파리의 비밀』(1841~1842)을 비롯한 그의 작품들은 멜로드라마적인 결점을 많이 지니고 있음에도 불구하고, 산업 혁명기 프랑스 사회의 문제를 최초로 그려 냈다는 평가를 받았다.

쉬제르Suger(1081~1151) 프랑스의 수도원장. 루이 6~7세의 조언자. 그가 감독한 생드니 수도원 교회의 재건설은 고딕 건축 발전에 큰 영향을 미쳤다.

아리오스토Ariosto, Ludovico(1474~1533) 이탈리아의 시인. 이탈리아

르네상스의 문학적 정신적 경향을 총괄한 서사시를 남겼다.

아벨라르 Abélard, Pierre(1079~1142) 프랑스의 신학자, 철학자. 보편 문제의 해결과, 엘로이즈와의 사랑으로 유명하다.

오르필라 Orfila, Matthieu(1787~1853) 스페인 출신의 화학자로 파리에서 활동했다. 근대 독극물학의 시조. 『독물학 논고』는 1813년에 발표된 가장 유명한 업적이다. 뒷날 법의학 교수도 역임했다.

올슨 Olson, Charles(1910~1970) 미국의 전위적 시인. 그의 투사시 이론은 1950년대 미국 시에 큰 영향을 끼쳤다.

월리스 Wallace, Irving(1916~1990) 미국의 소설가. 베스트셀러 작가. 『채프먼 보고서』(1960) 등의 작품이 있다.

위스망스 Huysmans, Joris-Karl(1848~1907) 프랑스의 작가. 19세기 말의 프랑스의 불안한 정신 상태를 주로 그려 냈다. 『저 아래』(1891)는 1880년대 유행한 오컬트/악마주의를 묘사한 작품이다.

카솔라 Cassola, Carlo(1917~1987) 이탈리아의 소설가. 사회적 정치적인 주제를 다루며 네오리얼리즘 계열에 속하는 작풍을 보였다. 『부베의 연인』(1959) 등의 작품이 있다.

커틀랜드 Cartland, Dame Barbara(1901~2000) 영국의 로맨스 소설가. 70여 년 동안 7백 편이 넘는 소설을 썼으며, 전 세계적으로 1천억 부가 팔려 기네스북에도 올랐다.

케이지 Cage, John(1912~1992) 미국의 전위 음악가. 라디오 12대를 무작위로 돌려 연주하는 「상상의 풍경 4번」(1951), 침묵만이 계속되는 「4분 33초」(1952) 등 기발한 작품들을 남겼다.

코플런드 Copland, Aaron(1900~1990) 미국의 작곡가. 미국적 주제를 현대적 스타일로 추구했다.

크루스Cruz, Juana Inés de la(1651~1695) 멕시코의 여성 시인, 학자, 수녀.

톨킨Tolkien, J. R. R.(1892~1973) 영국의 소설가. 옥스퍼드에서 영문학을 가르치다가 발표한 『반지의 제왕』(1954~1955)은 엄청난 반향을 불러일으켰다.

퐁송 뒤 테라유Terrail, Pierre-Alexis Ponson du(1829~1871) 프랑스의 소설가. 모험을 다룬 신문 연재 소설을 썼으며, 그가 만들어 낸 로캉볼이라는 모험가는 거의 신화적인 존재가 되었다.

푸쇠르Pousseur, Henri(1929~2009) 벨기에의 작곡가. 벨기에 아방가르드의 대표자.

핀천Pynchon, Thomas(1937~) 미국의 소설가. 처녀작 『V』(1963) 이후 『제49호 품목의 경매』(1966), 『중력의 무지개』(1973) 등 블랙 유머를 통해 현대 사회의 소외와 혼돈을 그려 낸 중요한 작품들을 발표했다.

힐데가르트Hildergard von Bingen(1098~1179) 독일의 대수녀원장. 신비 체험과 예언을 수록한 책 *Scrivas*(1141~1152) 외에도 과학적인 관찰 기록을 남겼으며 작곡도 했다. 성인으로 추대됐다.

움베르토 에코 연보

1932년 출생 1월 5일 이탈리아 피에몬테 주의 소도시 알레산드리아에서 태어남. 에코라는 성은 〈ex caelis oblatus(천국으로부터의 선물이라는 뜻의 라틴어)〉의 각 단어 머리글자를 딴 것으로 알려져 있는데, 한 시청 직원이 버려진 아이였던 그의 할아버지에게 붙여 줬다고 함. 아버지 줄리오 에코Giulio Eco는 세 차례의 전쟁에 징집당하기 전 회계사로 일했음. 어린 에코와 그의 어머니 조반나Giovanna는 제2차 세계 대전 동안 피에몬테에 있는 작은 마을로 피신함. 거기에서 움베르토 에코는 파시스트와 빨치산 간의 총격전을 목격했는데, 그 사건은 후에 두 번째 소설 『푸코의 진자』를 쓰는 데 많은 영향을 미침. 에코는 살레지오 수도회의 교육을 받았는데, 이후 저서와 인터뷰에서 그 수도회의 질서와 창립자를 언급하곤 함.

1954년 22세 아버지는 에코가 법학을 공부하길 원했지만 에코는 중세 철학과 문학을 공부하기 위해 토리노 대학교에 입학함. 토리노 대학교에서 루이지 파레이손 교수의 지도하에 1954년 철학 학위를 취득함. 졸업 논문은 「토마스 아퀴나스의 미학 문제 Il problema estetico in San Tommaso」. 이 시기에 에코는 신앙의 위기를 겪은

후 로마 가톨릭 교회를 포기함.

1955년 23세 1959년까지 밀라노에 있는 라디오-텔레비전 방송국인 RAI의 문화 프로그램 편집위원으로 일하면서 저널리즘 세계에 입문함. RAI에서의 경험은 미디어의 눈을 통해 근대 문화를 검토해 보는 기회가 되었음. RAI에서 친해진 아방가르드 화가와 음악가, 작가들(63 그룹)이 에코의 이후 집필에 중요한 기반이 됨. 특히 학위 논문을 발전시킨 첫 번째 저서인 『토마스 아퀴나스의 미학 문제』를 출판한 1956년 이후부터 영향을 미침. 또 이 만남은 모교에서 강의를 시작한 계기가 되기도 함.

1956년 24세 『토마스 아퀴나스의 미학 문제』 출간. 1964년까지 토리노 대학교에서 강사를 맡음.

1959년 27세 『중세 미학의 발전 Sviluppo dell'estetica medievale』 출간(후에 『중세의 미학 Arte e bellezza nell'estetica medievale』으로 개정판 출간). 이를 계기로 영향력 있는 중세 연구가로 인정받음. 밀라노의 봄피아니 출판사에서 1975년까지 논픽션 부분 수석 편집위원으로 일하면서 철학, 사회학, 기호학 총서들을 맡음. 아방가르드의 이념과 언어학적 실험에 전념하는 『일 베리 Il Verri』지에 〈작은 일기 Diario minimo〉라는 제목으로 칼럼 연재. 이 기간에 〈열린〉 텍스트와 기호학에 대한 생각을 진지하게 전개해 나가기 시작하여 나중에 이 주제에 관한 많은 에세이들을 집필함.

1961년 29세 이탈리아 토리노 대학교 문학 및 철학 학부에서 강의하고, 밀라노의 폴리테크니코 대학교 건축학부에서 미학 강사직을 맡음. 잡지 『마르카트레』 공동 창간.

1962년 30세 토리노 대학교와 밀라노 대학교에서 미학 강의를 시작함. 최초의 주저 『열린 작품 Opera aperta』을 출간함. 9월 독일인 미술 교사인 레나테 람게 Renate Ramge와 결혼해서 1남 1녀를 둠.

밀라노의 아파트와 리미니 근처에 있는 별장을 오가며 생활함. 밀라노의 아파트에는 3만 권의 장서가, 별장에는 2만 권의 장서가 있었다고 함. 「일 조르노Il Giorno」, 「라 스탐파La Stampa」, 「코리에레 델라 세라Corriere della Sera」, 「라 레푸블리카La Repubblica」 등의 신문과 잡지 『레스프레소L'Espresso』 등에 다양한 형태의 글을 발표함.

1963년 31세 『애석하지만 출판할 수 없습니다Diario minimo』 출간함. 주간 서평지 『타임스 리터러리 서플리먼트Times Literary Supplement』에 기고를 시작함.

1964년 32세 『매스컴과 미학Apocalittici e integrati』 출간함.

1965년 33세 『열린 작품』의 논문 한 편을 떼어서 『조이스의 시학Le poetiche di Joyce』으로 출간함. 제임스 조이스 학회의 명예 이사가 됨. 아메리카 대륙을 여행함.

1966년 34세 브라질 상파울루 대학교에서 강의함. 1969년까지 피렌체 대학교 건축학과에서 시각 커뮤니케이션 부교수로 일함. 어린이를 위한 책 『폭탄과 장군La bomba e il generale』과 『세 우주 비행사I tre cosmonauti』를 출간함.

1967년 35세 『시각 커뮤니케이션 기호학을 위한 노트Appunti per una semiologia delle comunicazioni visive』를 출간함. 잡지 『퀸디치Quindici』를 공동 창간함.

1968년 36세 『시각 커뮤니케이션 기호학을 위한 노트』를 개정하여 『구조의 부재La struttura assente』를 출간함. 이 책을 계기로 중세 미학에 대한 관심이 문화적 가치와 문학에 대한 보다 일반적인 관심으로 변화된 후에 자신의 연구 방향을 위한 기조를 설정함. 『예술의 정의La definizione dell'arte』를 출간함.

1969년 37세 뉴욕 대학교에서 초빙 교수 자격으로 강의함. 밀라노 폴리테크니코 대학교 건축학부의 기호학 부교수로 취임함.

1970년 38세 아르헨티나의 여러 대학에서 강의 시작함.

1971년 39세 『내용의 형식들 Le forme del contenuto』과 『기호: 개념과 역사 Il segno』를 출간함. 데달루스 Dedalus(그리스 신화에 나오는 아테나이의 명장)라는 필명으로 이탈리아 공산당 지도자들이 창간한 잡지 『일 마니페스토 Il Manifesto』에 기고함. 최초의 국제 기호학 학회지 『베르수스 VS』의 편집자가 됨. 볼로냐 대학교 문학 및 철학 학부 기호학 부교수로 임명됨. 이때부터 그의 이론들이 본격적으로 제자리를 잡기 시작함.

1972년 40세 미국 시카고 노스웨스턴 대학교에서 방문 교수로 강의함. 파리에서 창설된 국제기호학회 IASS/AIS 사무총장을 맡아 1979년까지 일을 함.

1973년 41세 『집안의 풍습 Il costume di casa』(1977년에 출간한 『제국의 변방에서 Dalla periferia dell'impero』의 일부로 수록됨) 출간함. 후에 『욕망의 7년 Sette anni di desiderio』과 묶어 『가짜 전쟁 Semiologia quotidiana』으로 재출간함. 『리에바나의 베아토 Beato di Liébana』 한정판을 출간하여 250달러에 판매함.

1974년 42세 밀라노에서 제1회 국제기호학회를 조직함.

1975년 43세 볼로냐 대학교 기호학 정교수로 승진함(2007년까지 재직함). 미국 UC 샌디에이고 방문 교수를 지냄. 『일반 기호학 이론 Trattato di semiotica generale』을 출간함. 『애석하지만 출판할 수 없습니다』 개정판 출간함.

1976년 44세 『대중문화의 이데올로기 Il superuomo di massa』 출간함. 『일반 기호학 이론 A Theory of Semiotics』을 미국 인디애나

대학교 출판부와 영국 맥밀란 출판사에서 동시 출간함. 미국 뉴욕 대학교 방문 교수를 지냄. 이탈리아 볼로냐 대학교 커뮤니케이션학 및 공연 연구소 소장으로 임명되어 1977년까지 역임함(1980~1983년 다시 소장직 역임). 63 그룹과 신아방가르드에 관한 연구 결과로 루티G. Luti, 로시P. Rossi 등과 함께 『아이디어와 편지*Le idee e le lettere*』를 출간함.

1977년 45세 『논문 잘 쓰는 방법*Come si fa una tesi di laurea*』과 『제국의 변방에서』 출간함. 미국 예일 대학교 방문 교수를 지냄. 『매스컴과 미학』 개정판 출간함.

1978년 46세 미국 컬럼비아 대학교 방문 교수를 지냄.

1979년 47세 『이야기 속의 독자*Lector in fabula*』 출간함. 『독자의 역할*The Role of the Reader*』을 미국 인디애나 대학교 출판부와 영국 맥밀란 출판사에서 동시 출간함. 문학 월간지 『알파베타』를 공동 창간함. 국제기호학회 부회장을 역임함.

1980년 48세 소설 『장미의 이름*Il nome della rosa*』을 출간함. 〈나는 1978년 3월 독창성이 풍부한 아이디어에 자극받아 글쓰기를 시작했다. 나는 한 수도사를 망치고 싶었다〉는 말로 창작 배경을 설명함. 이 소설의 첫 번째 제목안은 〈수도원 살인 사건〉이었으나 소설의 미스터리 측면에 과도하게 초점이 맞춰졌다고 판단, 데이비드 코퍼필드의 제목에서 영감을 받아 〈멜크의 아드소〉를 두 번째 제목안으로 잡았다가 결국 좀 더 시적인 〈장미의 이름〉이라는 제목을 선택함. 에코는 이 책이 열린 — 수수께끼 같고, 복잡하며 많은 해석의 층으로 열려 있는 — 텍스트로 읽히기를 원함. 이탈리아에서만 1년 동안 50만 부가 판매됨. 독일어판과 영어판은 각각 1백만 부, 2백만 부 이상이 판매되었으며, 세계 40개국 언어로 번역되어 2천만 부 이상 판매됨. 에코의 이름이 전 세계에 알려지는 결정적 계기가 됨. 1987년에는 장 자크 아노 감독, 숀 코너리 주연으로 영화화됨. 미국 예일 대학교 방문 교수를 지냄.

1981년 49세 『장미의 이름』으로 스트레가상Premio Strega, 앙기아리상Premio Anghiari, 올해의 책상Premio Il Libro dell'anno 수상. 비매품으로 밀라노 공공 도서관의 『도서관에 대해 De Bibliotheca』를 출간함. 몬테체리뇨네Monte Cerignone(이탈리아 중동부 해안과 산마리노 공화국에서 가까운 작은 소읍의 이름인데, 에코의 별장이 있는 곳)의 명예시민이 됨.

1982년 50세 『장미의 이름』으로 프랑스 메디치상(외국 작품 부문) 수상.

1983년 51세 『알파베타』에 발표했던 「장미의 이름 작가 노트Postille al nome della rosa」를 『장미의 이름』 이탈리아어 포켓판에 첨부함. 『욕망의 7년: 1977~1983년의 연대기』를 포켓판으로 출간함. 볼로냐 대학교 커뮤니케이션학 연구소 소장 역임. 피렌체 로터리 클럽에서 주는 콜럼버스상Columbus Award을 수상함.

1984년 52세 『기호학과 언어 철학 Semiotica e filosofia del linguaggio』 출간함. 상파울루에서 『텍스트의 개념 Conceito de texto』 출간함. 미국 컬럼비아 대학교 방문 교수를 지냄.

1985년 53세 『예술과 광고 Sugli specchi e altri saggi』를 출간함. 유네스코 캐나다 앤드 텔레클로브로부터 마셜 매클루언상Marshall McLuhan Award을 수상함. 벨기에 루뱅 가톨릭 대학교에서 명예박사 학위를 받음. 프랑스 정부로부터 예술 및 문학 훈장을 받음.

1986년 54세 볼로냐 대학교 기호학 박사 과정 주임 교수가 됨. 덴마크 오덴세 대학교에서 명예박사 학위를 받음.

1987년 55세 독일 콘스탄츠 대학교 출판부에서 『해석 논쟁 Streit der Interpretationen』을 출간함. 『수용 기호학에 관한 노트 Notes *sur la sémiotique de la réception*』를 출간함. 그동안 영어와 프랑스어로 썼던 다양한 글을 모아 중국에서 『구조주의와 기호학[結構主義和符號學]』 출간함. 미국 시카고 로욜라 대학교와 뉴욕 시립 대학교, 영국 런던 왕립 미술 학교에서 명예박사 학위를 받음.

1988년 56세 두 번째 소설 『푸코의 진자*Il pendolo di Foucault*』를 출간함. 즉각적인 성공을 거두어 세계에서 가장 중요한 소설가의 반열에 올라섬. 미국 브라운 대학교에서 명예박사 학위를 받음.

1989년 57세 그동안 썼던 에세이를 모아 독일 라이프치히에서 『이성의 미로에서: 예술과 기호에 관한 텍스트*Im Labyrinth der Vernunft: Texte über Kunst und Zeichen*』를 출간함. 『1609년 하나우 거리의 이상한 사건*Lo strano caso della Hanau 1609*』 출간함. 산마리노 대학교의 국제 기호학 및 인지학 연구 센터 소장을 맡음. 1995년까지 같은 대학교의 학술 집행 위원회도 맡음. 파리 3대학교(소르본 누벨)와 리에주 대학교에서 명예박사 학위를 받음. 방카렐라상*Premio Bancarella*을 수상함.

1990년 58세 『해석의 한계*I limiti dell'interpretazione*』 출간함. 그동안 쓴 글을 모아 독일에서 『새로운 중세를 향해 가는 길*Auf dem Wege zu einem Neuen Mittelalter*』을 출간함. 영국 캠브리지 대학교에서 열리는 태너 강연회*Tanner Lectures on Human Values*를 함. 불가리아 소피아 대학교, 영국 글라스고우 대학교, 스페인 마드리드 콤플루텐스 대학교에서 명예박사 학위를 받음. 코스탄티노 마르모*Costantino Marmo*가 『장미의 이름』에 주석을 달아 책을 냄.

1991년 59세 『별들과 작은 별들*Stelle e stellette*』과 『목소리: 행복한 해결*Vocali: Soluzioni felici*』 출간함. 옥스퍼드 튤리 하우스 1(지금의 켈로그 대학교)의 명예 회원이 됨. 「전쟁에 대한 한 생각*Pensare la guerra*」을 『도서 리뷰*La Rivista dei Libri*』에 발표함.

1992년 60세 『세상의 바보들에게 웃으면서 화내는 방법*Il secondo diario minimo*』을 비롯해 『작가와 텍스트 사이*Interpretation and Overinterpretation*』, 『메모리는 공장이다*La memoria vegetale*』를 출간함. 파리의 프랑스 칼리지 방문 교수, 미국 하버드 대학교 노튼 강사를 지냈고, 유네스코 국제 포럼과 파리 문화 학술 대학교의 회원이 됨. 미국 캔터베리의 켄트 대학교에서 명예박사 학위를 받음. 어린이를 위한 책 『뉴 행성의 난쟁이들*Gli gnomi di Gnu*』을 집필함.

1993년 61세 『유럽 문화에서 완벽한 언어의 탐색*La ricerca della lingua perfetta nella cultura europea*』을 출간함. 1998년까지 볼로냐 대학교 커뮤니케이션학 학과의 주임 교수를 지냄. 인디애나 대학교에서 명예박사 학위를 받음. 프랑스의 레지옹도뇌르Légion d'Honneur 훈장(5등) 수훈함.

1994년 62세 『하버드에서 한 문학 강의*Six Walks in the Fictional Woods*』와 세 번째 소설 『전날의 섬*L'isola del giorno prima*』 출간함. 룸리R. Lumley가 『매스컴과 미학』의 일부 내용을 엮어 인디애나 대학교 출판부에서 영어판 『연기된 묵시파*Apocalypse Postponed*』 출간함. 국제기호학회의 명예 회장이 되어 지금까지 맡고 있음. 볼로냐 학술 아카데미 회원이 됨. 이스라엘의 텔아비브 대학교, 아르헨티나의 부에노스아이레스 대학교에서 명예박사 학위를 받음.

1995년 63세 그리스의 아테네 대학교, 캐나다 온타리오 지방 서드베리에 있는 로렌시안 대학교에서 명예박사 학위를 받음. 「영원한 파시즘Il fascimo eterno」을 컬럼비아 대학교의 한 심포지엄에서 발표함.

1996년 64세 추기경 카를로 마리아 마르티니Carlo Maria Martini와 함께 『세상 사람들에게 보내는 편지*In cosa crede chi non crede?*』 출간함. 파리 에콜 노르말 쉬페르외르 외래 교수를 역임함. 뉴욕 컬럼비아 대학교 이탈리아 아카데미 고급 과정 특별 회원을 지내고, 폴란드의 바르샤바 미술 아카데미, 루마니아 콘스탄타의 오비두스 대학교, 미국 캘리포니아 산타클라라 대학교, 에스토니아의 타르투 대학교에서 명예박사 학위를 받음. 이탈리아에서 수여하는 〈명예를 드높인 대십자가 기사*Cavaliere di Gran Croce al Merito della Repubblica Italiana*〉를 받음.

1997년 65세 『신문이 살아남는 방법*Cinque scritti morali*』, 『칸트와 오리너구리*Kant e l'ornitorinco*』를 출간함. 4월 예루살렘에서 개최된 〈세 개의 일신교에서의 천국 개념〉 세미나에 참석함. 프랑스 그레노블 대학교와 스페인의 카스틸라라만차 대학교에서 명예박사 학위를 받음.

1998년 66세 리베라토 산토로Liberato Santoro와 함께 『조이스에 대하여*Talking of Joyce*』 출간함. 뉴욕 컬럼비아 대학교 출판부와 런던에서 『언어와 광기*Serendipities: Language and Lunacy*』 출간함. 『거짓말의 전략*Tra menzogna e ironia*』 출간함. 캐나다 토론토 대학교에서 〈고조*Goggio* 강연〉을 함. 모스크바의 로모노소프 대학교와 베를린 자유 대학교에서 명예박사 학위를 받음. 미국 예술 문예 아카데미 명예회원이 됨.

1999년 67세 볼로냐 대학교 인문학 고등 종합 학교의 학장으로 취임해 지금까지 맡고 있음. 독일 정부로부터 〈학문 및 예술에 대한 공적을 기리는 훈장〉을 수훈함. 다보스 세계 경제 포럼에서 크리스털상을 받음.

2000년 68세 에코는 평소에 미네르바라는 브랜드의 성냥갑에 해둔 메모를 정리해서 잡지 칼럼에 연재하곤 했는데, 이 칼럼을 모아 〈미네르바의 성냥갑*La Bustina di Minerva*〉이라는 제목으로 출간함(한국어판은 『책으로 천년을 사는 방법』과 『민주주의가 어떻게 민주주의를 해치는가』로 분권). 실제 에코는 하루에 여러 갑의 담배를 피우고 밤늦게까지 일하며 손님들을 재미있게 해주고 무엇이든지 탐구하며 녹음기 틀기를 즐겨하는 성격의 소유자. 네 번째 소설 『바우돌리노 Baudolino』 출간함. 토론토 대학교 출판부에서 『번역의 경험 Experiences in Translation』을 출간함. 몬트리올의 퀘벡 대학교에서 명예박사 학위를 받음. 에스파냐의 오스투리아스 왕자상 Premio Principe de Asturias 수상함. 다그마와 바클라프 하벨 비전 97 재단상 Dagmar and Vaclav Havel Vision 97 Foundation Award 수상함.

2001년 69세 『서적 수집에 대한 회상 Riflessioni sulla bibliofilia』 출간함. 개방 대학교에서 명예박사 학위 받음.

2002년 70세 『나는 독자를 위해 글을 쓴다 Sulla letteratura』 출간함. 옥스퍼드 대학교 비덴펠트 강의 교수직과 이탈리아 인문학 연구소 학술 자문위원장을 맡음. 옥스퍼드의 세인트 앤 칼리지 명예회원이 됨. 미국 뉴저지의 러트거스 대학교, 이스라엘의 예루살렘 대학교, 시에나 대학교에서 명예박사 학위를 받음. 유럽 문학을 대상으로 하는 오스트리아상 수상. 프랑스의 외국인 지중해상 수상.

2003년 71세 『번역한다는 것 Dire quasi la stessa cosa』과 『마우스 혹은 쥐?: 협상으로서의 번역 Mouse or Rat? Translation as Negotiation』을 출간함. 알렉산드리아 도서관 자문위원회 위원을 맡음. 프랑스 레지옹도뇌르 훈장(4등) 수훈함.

2004년 72세 비매품 『남반구 땅의 언어 Il linguaggio della terra australe』 출간함. 다섯 번째 소설 『로아나 여왕의 신비한 불꽃 La misteriosa fiamma della regina Loana』, 『미의 역사 Storia della bellezza』 출간함. 프랑스 브장송의 프랑셰 콩테 대학교에서 명예박사 학위를 받음.

2005년 73세 이탈리아 남부 레조 칼라브리아의 메디테라네아 대학교에서 명예박사 학위를 받음. UCLA 메달을 받음.

2006년 74세 『가재걸음의 시대 A passo di gambero』를 출간함. 이

탈리아 인문학 연구소의 소장직을 맡음.

2007년 75세 『추의 역사 Storia della bruttezza』 출간함. 슬로베니아 류블라냐 대학교에서 명예박사 학위를 받음.

2008년 76세 스웨덴의 웁살라 대학교에서 명예박사 학위를 받음.

2009년 77세 프랑스 문학 비평가 장 클로드 카리에르와 책의 미래에 관해서 나눈 대화를 엮은 책, 『책을 버려? Non sperate di liberarvi dei libri』를 출간함. 현재 볼로냐 대학교 명예 교수로 있음.

프랑스의 소르본 대학교, 미국의 브라운 대학교를 포함하여 세계 30여 개 대학교에서 명예박사 학위를 받았으며 초빙 교수로 강의하고 있음. 국제기호학회의 공식 저널인 『세미오티카 Semiotica』, 미국 듀크 대학교에서 발간하는 『포에틱스 투데이 Poetics Today』 외에도 『드그레 Degrés』, 『구조주의자 리뷰 Structuralist Review』, 『텍스트 Text』, 『커뮤니케이션 Communication』, 『정보의 문제 Problemi dell'informazione』, 『단어와 이미지 Word & Images』 등의 잡지와 저널의 편집 위원을 맡고 있음. 〈미국과 이탈리아를 위한 위원회〉와 〈이탈리아 아스펜 연구소〉 회원임. 유네스코, RAI의 실험적인 서비스 프로그램, 밀라노의 음악 음성학 센터, 밀라노 트리엔날레(1964), 몬트리올 엑스포(1967), 유럽 공동체 등과 공동 작업을 진행함. 〈해야 할 일이 많이 없으면 나는 어쩔 줄을 모른다〉고 밝히면서 여전히 역동적인 제스처를 구사하고 토론 중에 소리를 지르기도 하는 등 왕성한 활동을 하고 있음. 자신의 묘비명은 토마소 캄파넬라에게서 따온 인용문으로 쓰이기를 원하고 있음: 「기다려, 기다려.」「난 못해.」

움베르토 에코 마니아 컬렉션 11

장미의 이름 작가 노트

옮긴이 이윤기(1947~2010)는 경북 군위에서 출생하여 성결교신학대 기독교학과를 수료했다. 1977년 단편소설 「하얀 헬리콥터」가 중앙일보 신춘 문예에 당선되었으며, 1991년부터 1996년까지 미국 미시간 주립대학교 종교학 초빙 연구원으로 재직했다. 1998년 중편소설 「숨은 그림 찾기」로 동인 문학상을, 2000년 소설집 『두물머리』로 대산 문학상을 수상했다. 소설집으로 『하얀 헬리콥터』, 『외길보기 두길보기』, 『나비 넥타이』가 있으며 장편소설로 『하늘의 문』, 『사랑의 종자』, 『나무가 기도하는 집』이 있다. 그 밖에 『어른의 학교』, 『무지개와 프리즘』, 『이윤기의 그리스 로마 신화』, 『꽃아 꽃아 문 열어라』 등의 저서가 있으며, 움베르토 에코의 『장미의 이름』, 『푸코의 진자』, 『전날의 섬』을 비롯해 칼 구스타프 융의 『인간과 상징』, 니코스 카잔차키스의 『그리스인 조르바』, 『미할리스 대장』 등 다수의 책을 번역했다.

지은이 움베르토 에코 **옮긴이** 이윤기 **발행인** 홍예빈·홍유진 **발행처** 주식회사 열린책들 **주소** 경기도 파주시 문발로 253 파주출판도시 **대표전화** 031-955-4000 **팩스** 031-955-4004 Copyright (C) 주식회사 열린책들, 1992, 2009, *Printed in Korea*. ISBN 978-89-329-0887-8 04800   978-89-329-0875-5(세트) **발행일** 1992년 12월 25일 초판 1쇄 1999년 8월 5일 초판 5쇄 2002년 3월 25일 신판 1쇄 2007년 11월 30일 신판 8쇄 2009년 10월 30일 마니아판 1쇄 2022년 9월 20일 마니아판 5쇄

움베르토 에코 마니아 컬렉션 UMBERTO ECO MANIA COLLECTION

1. 중세의 미학 손효주 옮김 —『중세의 미와 예술』 신판
탁월한 중세 연구가 에코의 등장을 알린 중세 미학 이론서. 당시 에코의 나이는 26세. 젊은 에코는 이 책에서 중세의 문화 이론과 예술적 경험, 예술적 실제 간의 관계를 탐구하면서 신학과 과학, 시와 신비주의 등 그동안 분리되어 있었던 중세 미학의 이론들을 종합하고 있다.

2. 애석하지만 출판할 수 없습니다 이현경 옮김 —『작은 일기』 신판
농담과 철학, 그리고 문학적 감수성이 절묘하게 합성되어 있는 에코식 패러디의 결정판! 『성서』와 『오디세이아』는 출판하기에 부적절한 책으로 평가받고, 『롤리타』의 어린 소녀에 대한 동경은 할머니에 대한 성욕으로 바뀐다.

3. 매스컴과 미학 윤종태 옮김
대중문화의 주요 문제들을 다루는 동시에, 대중의 상상 세계를 사로잡았던 만화 혹은 대중 소설 속 영웅들을 흥미롭게 묘사하고 있다.

4. 구조의 부재 김광현 옮김 —『기호와 현대 예술』 신판
에코 기호학의 탄생을 알린 책. 이 책을 계기로 에코의 관심사는 중세 미학에서 점차 벗어나 일반적 문화 현상으로 확장되었고 자신의 기호학 이론을 체계화한다. 일반적인 기호학에서부터 사회 문화 전반에서 인식되고 있는 코드들, 영화나 광고, 건축과 같은 현대 예술에서의 미학적인 메시지 분석 등을 다루고 있다.

5. 기호: 개념과 역사 김광현 옮김
기호학의 이론적 토대인 〈기호〉에 관해 명쾌하게 설명하고 있다. 다양한 기호의 개념 분석과 기호 이론 소개, 기호가 제기하는 철학적 문제 등을 자세히 다루고 있다. 기호학 입문서로 손색이 없다.

6. 가짜 전쟁 김정하 옮김
일상에서 발견할 수 있는 〈기호〉의 개념을 추적한 책. 에코는 완벽한 진짜는 완벽한 가짜와 통한다고 말한다.

7. 일반 기호학 이론 김운찬 옮김
기호학자로서 정점에 올라선 에코가 진단하는 기호학의 가능성과 한계. 유럽에서 기호학이 본격적으로 관심을 끌던 시기에 출간되었는데 에코 스스로 자신의 기호학 서적 가운데 〈결정적〉인 것이라고 강조한다.

8. 대중문화의 이데올로기 김운찬 옮김 —『대중의 슈퍼맨』 신판
슈퍼맨이 나타나야 하는 이유? 본드걸이 죽어야 하는 이유? 바로 대중이 욕망하기 때문이다. 에코는 이 책에서 소설 속 영웅들의 탄생과 기능을 대중문화의 구조와 연결하고 분석한 뒤, 소설이 반영하는 시대와 그 시대를 넘어서는 문화 구조의 본질을 파헤친다.

9. 논문 잘 쓰는 방법 김운찬 옮김
논문 제대로 쓰고 싶은 학생들을 위해 논문 작성의 대가 에코가 나섰다. 공부하는 법, 글을 쓰는 기술, 정리된 사고를 하는 법 등 논문을 쓰기 위해 필요한 실질적 테크닉과 논문 작성 노하우들을 공개한다.

10. 이야기 속의 독자 김운찬 옮김 —『소설 속의 독자』 신판
에코가 우연히 접한 아주 짧은 텍스트에서 이 책의 모든 논의가 시작된다. 함정과 반전이 도사리고 있는 그 텍스트를 접하는 순간 대부분의 독자는 당황스러움과 모순을 느끼게 되고, 에코는 그러한 독자들의 반응을 토대로 텍스트와 독자 사이에 벌어지는 신경전을 치밀하게 추적한다.

11. 장미의 이름 작가 노트 이윤기 옮김 —『장미의 이름 창작 노트』 신판
『장미의 이름』을 읽지 않은 독자라면, 읽게 될 것이고, 이미 읽은 독자라면, 또다시 읽게 될 것이다. 『장미의 이름』을 집필하기 위해 놀라울 정도로 치밀하고 논리적인 계획을 세운 에코의 열정을 이 작가 노트에서 확인하는 순간!

12. 기호학과 언어 철학 김성도 옮김
현대 기호학의 핵심 이슈를 다루고 있다. 특히 일반 기호학의 접근법인 기호와 세미오시스라는 두 가지 이론적 대상을 분석하고 있는데, 에코는 이 책에서 두 개념이 서로 양립할 수 있음을 보여 준다.

13. 예술과 광고 김효정 옮김
미학 논문, 대중문화의 현상을 분석한 글, 텍스트 비평, 철학 및 기호학에 관한 글이 실려 있다.

14. 해석의 한계 김광현 옮김
문학에서의 〈해석〉이라는 문제를 기호학, 철학의 관점에서 인식하고 그 한계와 조건을 살펴보고 있는 이 책은 서양사를 이끌어 온 문학학 발전의 역학 관계를 파헤친다.

15. 세상의 바보들에게 웃으면서 화내는 방법 이세욱 옮김
에코는 이 책에서 유머 작가가 되고, 상대방의 얼을 빼는 논객이 되고, 썰렁한 웃음도 마다 않는 익살꾼이 되어 우리가 사는 삶의 실상과 빠른 변화의 시기에 상처받지 않고 살기 위한 처세법을 유쾌하게 이야기한다.

16. 작가와 텍스트 사이 손유택 옮김 —『해석이란 무엇인가』 신판
움베르토 에코를 비롯하여 실용주의 철학자 리처드 로티, 탈구조주의자 조너선 컬러 등이 1978년 케임브리지 대학교에서 열린 〈해석과 초해석〉이라는 주제의 태너 강연회에서 발표한 글들이 실려 있다.

17. 하버드에서 한 문학 강의 손유택 옮김 —『소설의 숲으로 여섯 발자국』 신판
에코가 하버드 대학교에서 한 여섯 번의 강의를 재구성하여 출간한 것으로 독자가 책을 읽는 데 필요한 요소들은 무엇인지, 어떤 관점에서 〈이야기〉에 접근해야 하는지, 저자와 독자 사이에는 어떤 관계가 있는지 밝히고 있다.

18. 세상 사람들에게 보내는 편지 이세욱 옮김 —『무엇을 믿을 것인가』 신판
에코는 비신앙인의 입장에서, 마르티니 추기경은 신을 믿는 사람의 입장에서, 모든 이념적, 윤리적 근거와 희망을 잃어버린 채 새로운 천 년을 맞게 된 우리의 문제에 관해 편지를 주고받는다.

19. 신문이 살아남는 방법 김운찬 옮김 —『누구를 위하여 종은 울리나 묻지 맙시다』 신판
텔레비전과 인터넷에 밀려 좌초 위기에 빠진 신문의 생존 전략을 명쾌하게 제시한다. 이탈리아 신문을 예로 들고 있지만, 한국의 신문에도 그대로 적용된다. 전쟁과 파시즘의 문제 등 현대 사회의 다양한 이슈도 다루고 있다.

20. 칸트와 오리너구리 박여성 옮김
우리가 어떻게 사물을 인식하고 명명하는가라는 고전적인 철학의 핵심 문제를 기호학적으로 접근해 풀어낸 책

21. 언어와 광기 김정신 옮김
인간의 역사를 형성해 온 실수의 층들이 위트와 박학, 놀라운 명석함으로 하나씩 벗겨진다. 신세계로 향하는 콜럼버스의 항해를 비롯해 장미 십자단과 성당 기사단의 비밀 그리고 전설적인 바벨 탑에 대해 고찰하는 이 책은 언어와 사고의 기이한 역사를 파노라마처럼 펼쳐 보인다.

22. 거짓말의 전략 김운찬 옮김 —『낯설게하기의 즐거움』 신판
거짓말로 시작해 거짓말로 끝나는 이 책은 아이러니하게도 거짓말을 통해 진실을 밝히는 작업 또는 진실의 이면에 숨은 거짓을 드러내는 작업을 시도한다.

23. 책으로 천년을 사는 방법 김운찬 옮김 —『미네르바 성냥갑』 신판
『세상의 바보들에게 웃으면서 화내는 방법』에 이은 촌철살인 세상 읽기! 글을 잘 쓸 수 있는 방법을 비롯해 책이 중요한 이유 등을 에코 특유의 익살스러운 문체로 풀어 냈다.

24. 민주주의가 어떻게 민주주의를 해치는가 김운찬 옮김 —『미네르바 성냥갑』 신판
인권과 자유권, 평등권 등을 근본으로 삼는 민주주의는 현대 사회에서 가장 이상적인 사상으로 평가받지만, 에코는 그 민주주의 틈새를 파고들어 민주주의가 민주주의를 해치는 아이러니한 현장을 포착해 낸다.

25. 나는 독자를 위해 글을 쓴다 김운찬 옮김 —『움베르토 에코의 문학 강의』 신판
글쓰기의 진짜 즐거움이란 〈하나의 세계를 만든다〉는 것, 글은 오로지 〈독자〉를 위해 쓰는 것이지 자기 자신을 위해서만 쓸 수 없다는 에코의 주장은 문학의 존재 이유를 매혹적으로 드러낸다.

26. 번역한다는 것 김운찬 옮김
It's raining cats and dogs라는 영어 문장을 개들과 고양이들이 비온다로 옮기는 번역가는 분명 멍청이일 것이다. 그러나 에코는 생각을 바꿔 보라고 조언한다. 만약 이 책이 공상 과학 소설이며 정말로 개와 고양이들이 비처럼 쏟아진다고 이야기하는 것이라면? 오로지 에코 자신의 경험을 바탕으로 번역의 의미에 대해 서술하는 책

책의 우주 임호경 옮김
움베르토 에코와 프랑스 문학 비평가 장 클로드 카리에르가 책의 미래에 관해서 나눈 대화를 엮은 책

가재걸음 김희정 옮김
전쟁과 평화, 파시즘, 인종 차별주의 등 20세기 초반에 나타난 사회 문화적 현상 전반에 대한 에코의 진단과 분석. 앞으로 나아가지 못하고 가재처럼 뒷걸음질치는 세태를 풍자하고 있다.